汪　潮————编著

评课录

汪潮教授评点语文课

中国人民大学出版社
·北京·

图书在版编目（CIP）数据

评课录：汪潮教授评点语文课／汪潮编著. —北京：
中国人民大学出版社，2018.12
ISBN 978－7－300－26462－2

Ⅰ.①评… Ⅱ.①汪… Ⅲ.①小学语文课—课堂
教学—教学研究 Ⅳ.①G623.202

中国版本图书馆CIP数据核字（2018）第275184号

评课录 —— 汪潮教授评点语文课

汪潮 编著

Pingke Lu —— Wangchao Jiaoshou Pingdian Yuwen Ke

出版发行	中国人民大学出版社			
社　　址	北京中关村大街31号		**邮政编码**	100080
电　　话	010－62511242（总编室）		010－62511770（质管部）	
	010－82501766（邮购部）		010－62514148（门市部）	
	010－62515195（发行公司）		010－62515275（盗版举报）	
网　　址	http://www.crup.com.cn			
经　　销	新华书店			
印　　刷	北京华宇信诺印刷有限公司			
规　　格	168 mm × 239 mm　16开本		**版　　次**	2018年12月第1版
印　　张	15.5 插页1		**印　　次**	2021年1月第2次印刷
字　　数	230 000		**定　　价**	68.00元

▌CONTENTS▪目 录

前言   1

辑一　对第一学段课的点评

小学语文学习，识字重于泰山
　　——《云对雾》点评   6

学生是语文学习的主体
　　——《世界多美呀》点评   12

致力于学生语文素养的形成和发展
　　——《四季的脚步》点评   18

"素课论"视野下的寓言教学
　　——《守株待兔》点评   32

把学生投入语言的海洋
　　——《画风》点评   40

言意兼得的醇和之美
　　——《画家和牧童》点评   46

练字与练人相结合
　　——"中直对正"（二年级写字指导课）点评   57

辑二　对第二学段课的点评

把略读课定位于培养学生的独立阅读能力
　　——《槐乡的孩子》点评　　　　　　　　　　64

学本课堂：素读与研读
　　——《除三害》点评　　　　　　　　　　　70

儿童诗教学的"学理"追寻
　　——《太阳是大家的》点评　　　　　　　77

导读课要讲究教师"导"的策略
　　——"那村·那天·那娃"点评　　　　　　89

绘本阅读要培养学生的读图能力
　　——《想吃苹果的鼠小弟》点评　　　　　99

学的起点、程序和策略
　　——《花的勇气》点评之一　　　　　　　111

语文教学中的"不但……而且……"
　　——《花的勇气》点评之二　　　　　　　119

比较是一种比较好的思维方法
　　——《和我们一样享受春天》点评　　　　124

学材：从教向学的华丽转身
　　——《扁鹊治病》点评　　　　　　　　　136

指导学生读书的思想方法
　　——《海蒂》点评　　　　　　　　　　　141

站在儿童的立场教学童诗
　　——"写童诗"点评　　　　　　　　　　148

辑三　对第三学段课的点评

说明文教学策略的智慧探索

　　——《松鼠》点评　　　　　　　　　　　　　158

语文课堂的"学本"追求

　　——《梅花魂》点评　　　　　　　　　　　165

语文学习是有理可依的

　　——《圆明园的毁灭》点评　　　　　　　172

"文体"与"课型"的和谐统一

　　——《最后一分钟》点评　　　　　　　　177

基于"任务驱动"的学习方式变革

　　——《百泉村（四章）》点评　　　　　　186

名著的、方法的、交流的

　　——《老人与海》点评　　　　　　　　　200

融合的才是更好的

　　——"舌尖上的美食"（习作课）点评　　205

基于核心素养的习作教学探索

　　——"一波三折来写事"（习作课）点评　214

语言，在"特点"中习得

　　——《杨氏之子》点评　　　　　　　　　222

语文味在哪里

　　——《小草和大树》点评　　　　　　　　228

前　言

　　小学语文课该是什么样式？小学语文课该怎样上？小学语文课该如何评点？这些是经常萦绕耳畔的话题。我在大学从教三十年，主要从事小学语文课程的教学、研究与小学语文教师的省级培训工作，先后评点过各种小学语文课1000多节：有老师的随堂课，有各个层次的展示课，也有不同主题的研讨课；有识字、写字课，有阅读、习作课，也有绘本课、读整本书的指导课；有本省和外省老师的课，也有德国、韩国、日本老师讲的课……特别是由浙江大学举办的"千课万人"全国小学语文教学的观摩研讨会，我曾多次参与评点。我的评点未必有多少激情和智慧，但它实实在在地记录了我对小学语文课的所观、所感，反映了我对小学语文课的所思、所想。下面与大家分享我的三个评课观点。

　　一是基于语言。小学语文课的课型多种多样，但是，万变不离其宗，这就是习得语言。这是语文课的本质属性。我一贯主张"把语文课上成真正的语言学习课""语文课要有语文味"。所以，我的评点十分注重语言的习得。语言的习得分三个方面。

　　1.语言的体系。包括语言文字、语言文章、语言文学和语言文化等。小学语文课最重要的是语言（口头语言和书面语言）文字的落实。

　　2.语言的内容。包括语言知识（字、词、句、段、篇）和语言能力（听、说、读、习、写）。小学语文课最重要的是字、词、句和读、习（习作）、写（写字）的学习。

　　3.语言的层次。依次为语言的感知、语言的理解、语言的巩固和语言的运用。小学语文课最重要的是语言的巩固和运用。

二是从于理据。小学语文课的教法千姿百态，但是，它并不是杂乱无章的，而是有法可依，有道可循，有理可从的。我推崇"基于理据的语文课"。基于中国道教的观念，语文课要顺其自然，大道至简。我倡导"简约的语文素课"。"素课"体现的是一种素色、素面、素读、素本的"素文化"。其中，素色是指追求自然朴素的课感，素面是指直接与文本素面相见，素读是指对课文高频、反复地读，素本是指按语言原本的意思解读。本书每篇文章的主标题都是一种核心理念的表达，就是从于理据的思考。所以，我的评点非常关注学理特点。

1.文本解读。语文课成功的基础是教师对课文的文本解读，包括对课文结构的梳理、情节内容的理解、语言表达的学习和文化观念的渗透等。教师只有深入解读文本，才能更有效地进行教学的设计和课堂的执行。所以，文本解读力、教学设计力和课堂执行力是语文教师的三大基本功。

2.学习之理。小学生的学习不同于成年人的学习，有其自身的特点。这些特点由小学生的身体发育水平、心理发展规律和语言学习法则决定。小学语文教师要积极打造以学情为基础，以学语言为核心，以会学为标志的"学本课堂"。

3.课堂特点。一般来说，小学语文课堂有三个特点：一是一个班级有四十多个学生，二是一个教室有四十多平方米，三是一节课的时间有四十多分钟。这说明，小学语文课堂的学生多、场地小、时间少。所以，小学语文课堂要面向全体学生，拓展学习空间，提高学习效率。

三是思于观察。做任何事情都要善于观察，对小学语文课的评点也是如此。观其大略，察其细节，对小学语文课堂才有话语权，也才能真正发现问题，进行课的诊断和矫正。近些年来，我逐步形成了一种听课的思维方式：熟悉教材→观察诊断→学理思考→评点交流→行为改正。所以，我的评点都是始于课堂观察的。

1.观其整体。评课要基于整体，思考其顶层设计和教学的全局观念。语文课的内容和形式、环节和方法都是为培养学生的语文核心素养服务的，以语文核心素养的整体优化作为出发点和归宿。

2.看其板块。语文课的内容不仅多而且杂，所以，教师上语文课容易把内容讲得支离破碎，思路不清。我听小学语文课，非常关注课堂的板块设计、层次设计及其展开的过程。这是语文教师课堂教学的内功之所在。课堂教学板块因文、因人、因时、因地而异，但从目前倡导的"学本课堂"来看，"独学→合学→导学→补学"是较为合理的语文课堂教学板块设计。

3.察其细节。观课要观察细节，思考细节，研讨细节，从某些细节中可以领悟出某种教学思想。细节中有智慧，细节中有思想，细节中有风格。这是现象学研究的思维方法，弥足珍贵。评课，其实是一种细节研究、现象研究和行动研究。

本书收录了我近10年来对28节不同课型的课堂教学的评点，其中，既有对各个教学环节的评点，也有对一节课的总评。这只是我个人对小学语文课的一些理解和观点，一家之言，一孔之见，难免挂一漏万，权当分享与交流，敬请指正。感谢本书课例的各位执教者。

由于篇幅所限，本书中的评点只能蜻蜓点水，点到为止，无法释怀，也不够透彻。倘若你有深入探索之兴趣，可以阅读我的另外三本书：《语文学理：语文学习的心理学原理》《语文之道："素课"是怎样炼成的》《小学语文教材研读》。

汪　潮

2018年8月18日

对第一学段课的点评

第一学段语文课的理想样式

◎ 关注学生良好语文学习姿势、习惯、常规的习得

◎ 重点进行朗读、识字、写字、听话与说话的训练

◎ 渗透有趣的课堂情境、语言文字游戏和文化启蒙

小学语文学习，识字重于泰山
——《云对雾》点评

[执 教 者] 浙江省杭州绿城育华小学／陈啸剑
[教材课文] 人教版课标本一年级下册

识字3

云对雾，
雪对霜。
和风对细雨，
朝霞对夕阳。

花对草，
蝶对蜂。
蓝天对碧野，
万紫对千红。

桃对李，
柳对杨。
山清对水秀，
鸟语对花香。

生字：雾 霜 朝 霞 夕 蝶 蜂 碧 紫 千 李 杨 秀

教学目标：

(1) 会认"雾、霜、朝、霞、夕、碧、秀"七个生字，会写"秀、香"两个字。

(2) 正确、流利地朗读对子歌，积累课文中出现的四字词语。

(3) 能模仿课文，根据老师提供的画面学习对对子。

(4) 体会大自然的美妙，感受大自然的神奇，产生对大自然的热爱之情。

【点评1：把识字教学作为第一学段语文教学的目标，而且把识字教学与对对子的学习联系起来，较好地体现了语文工具性和人文性的整合。以学习对对子为教学目标的主线，是本课的显著特点。】

教学重点、难点：

(1) 重点：认识生字，会写"秀、香"两个字，积累课文中出现的四字词语。

(2) 难点：归类识字，了解雨字头的含义。

【点评2：归类识字对学生逐步领会汉字的构字特点，发现汉字学习规律颇有意义。在小学语文课堂上，教师要经常使用归类法进行识字教学。】

一、感知课文

师：对对子是我们祖国的传统文化。今天，我们就来学习一首描写自然景观的对子歌。我们先自由读课文：要读准字音，比比谁读得最认真。（指名读，然后师读一句，生读一句）

师：小组内一起来读一读。读完后交流一下你们发现了什么？比比哪一组的发现最多。

生1：我发现"对"字前后的字数一样多。

生2：前两行，"对"字前后各有一个字；后两行，"对"字前后各有两个字。

生3：我发现"对"字前后是同一类的词。

生4：我发现最下面两行去掉"对"字，就变成成语了。

生5：每一节讲的是同一类事物，每一节都是两句话。

············

【点评3：教师让学生自由朗读课文并交流自己的发现，这达到了"学本课堂"的要求：先学后教，据学而教。这是一种"素课"的思想。】

二、随文识字

师：大家发现，每一节讲的都是同一类的事物，第一节对子里的内容是哪一类？

生：自然现象。

师：讲到了哪些自然现象？（生答略）

师：（出示：雾、霜、霞）你发现了什么？

生：都是雨字头，上下结构。

师：你能把这三个字贴到相应的图片上去吗？（出示图，图略）

【点评4：图词结合，以图助词，符合第一学段学生的学习特点。特别是"先词后图"的程序安排，体现了图辅助学习的作用。】

师：你见过雾吗？雾带给你什么感受？雾都在什么时候出现？（生答略）

师：（出示课件，小结）下雾的时候，大自然中的景物像披上了一层薄薄的轻纱。雾一般出现在清晨，所以叫它——晨雾。（指名读，生齐读）

师：（出示课件）这是下霜时的情景，你发现了什么？什么时候有霜？（生答略）

师：（小结）深秋季节，我们走在上学路上时，经常会发现路边的小草上啊、树上啊，有一层白白的、亮亮的东西，这就是——秋霜。（指名读，生齐读）

师：（出示课件）这是霞，自然界中都有哪些霞？

生：朝霞、晚霞、彩霞。

师：（小结）朝指早上。初升的太阳叫——朝阳，早上天边的云霞叫——朝霞，那傍晚的太阳叫——夕阳，傍晚天边的云霞叫——晚霞。

朝——怎么记？太阳出来了，月亮下班了？夕——比"多"少一半？

【点评 5：教师关于雾和霞的教学，只是一种梳理归类，偏重情节内容，耗时过多，方法较单一，而且也不必每个环节都有一个小结。】

师：小朋友们来猜一猜，雨字头的字大都和什么有关系呢？（生答略）

师：（小结）雨字头的字大都指一种天气现象。你还认识哪些带雨字头的字？（板书：雨、雷、雪）

师：去掉中间的"对"字，和风细雨还是一个四字词语呢！谁来读读这个词？（板书：和风细雨）

【点评 6：从"对子"到"四字词语"的过渡，设计巧妙。这是一种语言形式的转换，既有助于学生灵活运用语言，又有助于学生积累语言。】

师：晨雾、秋霜、朝霞、夕阳，大自然气象万千，多么神奇呀！我们一起再来读第一小节，想挑战自己的小朋友可以背一背。

三、积累词语

师：刚才我们把"和风对细雨"变成了"和风细雨"，像这样的词语在第二、三小节中还有许多呢。我们一起来读。（出示：蓝天对碧野、万紫对千红、山清对水秀、鸟语对花香，依次变成：蓝天碧野、万紫千红、山清水秀、鸟语花香）

师：学了这么多四字词语，再看课本上的这些图画，我们可以用哪个四字词来形容它们呢？比如，蓝天碧野——碧是绿色，在这里指碧绿的田野。看！借助图画，还可以理解字的意思呢！碧字可以怎么记？生活中你在什么地方见过这个字？（生答略）

师：蓝天碧野，有蓝色、绿色，你们知道大自然中还有哪些漂亮的颜色吗？（生答略）

师：（小结）这么多的色彩在一起，实在太漂亮了，这就是——万紫千红。你找到了哪些表示颜色的词？

生：紫和红。

师：哪个词表示颜色很多？

生：万和千。

师：谁能读出颜色的多和颜色的美呢？（生读课文）

师：我们又可以用哪个词语形容这美丽的风景呢？（生答略）真聪明，齐读——山清水秀，秀就是"好看"的意思，给秀组个词。

生：秀丽、秀美、秀气。

师：鸟语花香——你好像听到了，闻到了吗？（生答略）

师：(小结) 大自然是多么美丽神奇呀！让我们一起再来感受一下吧，放下课本，我们一起拍手读一读。

【点评7：又是一次归类学习。归类学习四字词语，能有效帮助学生积累词语。把学生投入词语的海洋，让学生与好词为伴，是语文教学之上策。】

四、写字

师：(出示香、秀两个字，指导学生观察) 它们都是上下结构，都有一个禾苗的"禾"字，看这个禾字在形状上有什么变化呢？（范写秀字）

师：看"秀"字的笔顺，禾在上半格应该写得扁一些；上撇是平撇，不能写成斜撇；竖要写短，给下面的乃留出空隙；一撇一捺要尽量伸展。写字的时候，坐姿是非常重要的，请大家坐端正，写一个"秀"字。（生写字）

师：观察自己写的字，看看有什么不足？再写一个"秀"字。

【点评8：教师重视写字，值得提倡，要把写字挤进第一学段的课堂教学之中。更为重要的是，教师要对学生进行写字的具体指导，主要指导字的结构、笔画和写字的姿势。】

五、做游戏

师：看看图，我们也来对对子，好吗？（安排小组合作对对子——小组汇报，一人对一句）

【点评9：这个游戏安排的时机不妥。小学语文课堂上的教学游戏，应紧密配合教学而安排。建议把这个游戏提前，在学生学习对对子的知识后立即

做游戏，通过做游戏进一步巩固对对子的知识。】

六、巩固识字

师：同学们真棒。现在老师把词语放到句子中，你还会不会读？（出示课件，带学生先读词，再读生字，最后读句子）

 总评

语文学习从识字开始，识字教学是小学语文教学的重点，也是第一学段的难点。可以说，识字重于泰山。一堂好的第一学段识字课的基本要求是：

1. 创设汉字文化氛围。教师应引导学生在文化的环境中学习汉字，如本课中的对对子，还有字源的演变、字理的知识等，以此培养学生学习汉字、使用汉字、热爱汉字的情感和态度。

2. 强化汉字学习方法。如本课中的两次归类学习。一般来说，学习方法比识字数量更重要，因为方法可以迁移，并让学生终身受益。

3. 重视在语境中识字。识字需要特定的情境、语境和心境。教师应遵守"字不离词，词不离句，句不离段，段不离篇"的教学原则，使情境、语境、心境有机结合起来。

4. 保证充裕的写字时间。教师要给学生充裕的写字练习时间，并进行有效的写字指导。

5. 体现学生学习主体。先学后教，以学定教，努力构筑"学本课堂"。

6. 关注学习的基本要求。如学风、习惯、姿势等，教师要经常提醒学生，帮助学生逐步养成良好的语文学习习惯。

／2013年4月点评／

学生是语文学习的主体
——《世界多美呀》点评

[执　教　者] 浙江省杭州市文苑小学特级教师／魏丽君
[教材课文] 苏教版一年级下册

世界多美呀

苏霍姆林斯基

　　母鸡蹲着孵小鸡，一蹲蹲了许多天。蛋壳里的小鸡先是睡着的，后来它醒了，看见四周黄乎乎的。小鸡想：整个世界都是黄色的呀！

　　小鸡用小尖嘴啄蛋壳儿。它啄呀啄呀，啄了很久，才啄出一个小小的洞眼。它看见天空是蓝湛湛的，树木是绿茵茵的，小河是碧澄澄的……

　　原来世界这么美丽呀！小鸡可高兴了。它用翅膀一撑，就把蛋壳儿撑破了。它叽叽叽地叫着，慢慢站了起来。

　　叽叽，叽叽，小鸡是在说："世界多美呀 —— 蓝湛湛的，绿茵茵的，碧澄澄的……"

　　生字：先　周　想　世　界　色　兴

▽ **教学实录与点评**

一、巧用比较，导入新课

师：老师请大家先读两个句子。（出示：世界美。世界多美呀！）（生读）

师：仔细看，你能发现这两个句子有什么不一样吗？

生：一个句子长，一个句子短。

师：这是小发现，有没有大发现？

生："世界多美呀！"多了两个字。

师：多了两个字，美的深度就不一样了。

生：一个句子是句号，一个句子是叹号。

师：你发现句子的尾巴不一样。句号表示美在眼睛了，我们看到了。叹号表示美在哪里呢？

生：美在心里。

师：我们感受到了。请大家再读。（生用不同的语气读）

师：今天，我们一起读一个故事《世界多美呀》。这个故事既优美又好听，请大家自己读。（生自由读）

【点评1：这个导课很经典，很有特色！导课虽短，却意味深长。它拥有"三性"。一是学习内容的语言性。句子是一种语言现象，是一种语言表达和运用的模型。教师设计句子比较环节，符合语文教学的语言习得的本质要求，体现出了一股浓浓的语文味。二是学习过程的自主性。让学生自己朗读、自己观察、自己比较、自己表达，引导学生参与整个学习过程，有利于发挥学生的主体性和积极性。三是学习方式的趣味性。句子是一种语文知识，对低年级学生不宜采用讲授和操练的方式进行教学。本例采用比较法，让学生在有趣的比较中对句型有所感悟，有所理解，有所积累。特别是"句号表示美在眼睛……叹号表示美在心里"，趣味横生，令人印象深刻。可见，比较法是比较有趣而有效的学习方法。】

二、点面结合，初读感知

师：谁想把这个故事读给大家听听？（指名读）

师：（用课件出示：睡着的）谁读读这三个字？

生1：睡着（zháo）的。

生2：睡着（zhe）的。

师：到底读什么？我们把它送到句子中，读一读。（出示：蛋壳里的小鸡先是睡着的，后来它醒了。）小鸡睡在蛋壳里就像小朋友们睡在妈妈肚子里。所以，读睡着（zháo）的。谁能把暖暖和和、舒舒服服的感觉读出来？（指名读）

（师出示"蛋壳儿""啄呀啄呀"，范读"蛋壳儿"，用手势帮助学生读好儿化音）

师：（指导读）啄呀啄呀，啄得时间长一点，啄得用力一点。（个别学生读）

（师出示：小鸡用小尖嘴啄蛋壳儿。它啄呀啄呀，啄了很久，才啄出一个小小的洞眼。）（生练读）

师：读课文就要这样认认真真，仔仔细细。读不好的地方可以多读几遍。

（生再次自读课文）

【点评2：初读课文是低年级语文课堂教学的一个重要环节，它的成败直接关系到后续的教学环节和整堂课的教学效果。本节课的设计和处理有三个亮点。一是"素读"。课始的读应该是不带任务要求的。二是"学生读"。教师让学生自主、自由、自然地读。三是"整体读"。着眼于全文和语境，初读课文。某些重点字词、难读的字词应放在语境中读，不宜过早剥离课文语境。本例中"把它送到句子中，读一读"的做法很有教学意义，值得提倡。】

三、以读为本，品词析句

师：下面老师要增大读书的难度了，我让拼音宝宝先回家了。（出示没有标注拼音的第一自然段，生自由练读）

师：下面老师来读，请小朋友帮忙做动作。蹲、孵、睡、醒、看见、想。（生做动作）

师：你们发现了什么？

生1：这些字都是可以用动作来表示的。

生2：老师，我知道它们叫动词。

师：是啊。读课文的时候想着这些跟动作有关的词，你就能把文章读得更加生动，自己练练看。（生自由读，师指名读）

【点评3：第一自然段的教学有两个特点。一是设计了学习的梯度和层次。先读标注拼音的课文，后读没有标注拼音的课文。这样层次清楚，降低了学习难度。二是引导学生在朗读中品词。对动词的整理和演示，有利于学生感悟、理解动词的表达作用。这里如果再增加对比有无动词的句子的教学环节，教学效果会更好。】

（师出示第二自然段的内容，生自由练读，师指名读）

生：小鸟用小尖嘴啄……（把小鸡读成了小鸟，众笑）

师：请你再读一次，老师知道你会读。

生：小鸟……

师：小朋友帮他起个头，这回肯定能读对。（生齐读第一句）

生：小鸡……

师：谁能读读这个句子。（出示：它看见天空是蓝湛湛的，树木是绿茵茵的，小河是碧澄澄的。）（生读句子）

师：这句话还可以怎么说？［出示：它看见蓝湛湛的（　　　　），绿茵茵的（　　　　），碧澄澄的（　　　　）。］

（生转换句式说）

师：同样的句子既可以这样说，也可以那样说。下面，男生女生对读，男生读原句，女生读变化后的句子。

【点评4：第二自然段关于句子转换的教学，看似简单却意义重大。我们常说，教学内容比教学方法更重要。选择语文教学内容的基本法则是：语言内容比课文情节更重要，语言表达比语言内容更重要。这里，关于句子转换的教学就是一种语言表达的训练，理应倍加珍惜。】

师：小朋友们读得真好。你们一定累了吧，我们休息一下。老师帮你们请来了一位神秘的客人，他是谁呢？（学生的眼睛亮了）现在播放小鸡做运动的动画片《小鸡操》，我们也和小鸡一起做运动。（生跟着做操，笑声一片）

师：我发现小朋友做完操以后小背直直的，小眼亮亮的，小脸红红的，高兴吗？

生：高兴！（一生喊："再来一遍。"众笑。）

师：好，带着高兴的心情自己读读课文最后两个自然段，看看谁是快乐的小鸡？（生练读、齐读）

【点评5：这里引入动画片《小鸡操》是有效的：一是它的内容与课文内容是相似的，可以提供更丰富的学习背景；二是教学游戏能创设良好的学习气氛，激发第一学段学生的学习情趣；三是课中操可以让学生在课中得到休息，使身心得到协调发展。一石三鸟，何乐而不为？】

师：世界真的只是蓝湛湛的、绿茵茵的、碧澄澄的吗？（出示美丽的风景图片）说说你眼里的世界是怎样的？

生1：世界是五彩缤纷的。

生2：世界是五颜六色的。

生3：世界是花花绿绿的。

…………

师：小鸡给大家出了一道题：五（　　）六（　　）、五（　　）十（　　）、万（　　）千（　　）、千（　　）百（　　）。把这四个词补充完整，用它们来说一说这个世界是怎样的？

生：世界是五颜六色、五光十色、万紫千红、千姿百态的。

师：小朋友真能干，一口气说了这么多好词，把世界夸得这么美。齐读课题。

生：（齐读）世界多美呀！

【点评6：教师引导低年级学生积累词语，不断扩大词汇量，这种做法应经常进行。这是一种学习上的"同化"策略。学生积累词语多了，语言表达能力也就强了，语文素养也就形成和发展了。温馨提示：这里还可以让学生把这些词语抄下来，读读背背。】

师：读了这个美丽的故事，我们知道了小鸡是怎么出壳的。来，再来读读这些会动的词。（课件出示：蹲 孵 睡 醒 啄 撑）（生齐读）

【点评7：课至结尾，教师急匆匆安排学生齐读动词，并没有展开教学过程，只是为了读而读，已无太多教学意义。从简化教学过程来看，建议删除这个环节。】

四、看字当头，写有指导

师：（课件出示：世界）谁来说说世字的笔顺？

生：横、竖、竖、横、竖折。

师：想把这个字写得漂亮点儿，除了笔顺不能乱，还要注意什么？请大家注意竖的高低。（范写，生练习）

师：界字要注意上中下的比例，看看上面的田字，谁发现了什么？

生：里面的横不要靠边，竖要靠边。

师：你的眼睛真厉害！横的左右要留空白，这个字就写得好看。（范写，生练写。师巡视指导，展示并评价，略）

师：下课。

【点评8：本环节值得欣赏的是：一是把写字教学挤进第一学段语文课堂，时间也较充分；二是写词而不是写字，有助于学生积累词语；三是在写的过程中，教师有意识地进行了笔顺、笔画、结构等方面的具体指导，并进行了范写。可以商榷的是：写字这个环节能否安排在课始的句子比较之后？这样可以使读写有机地结合起来。】

 总评

我想，这是一节第一学段语文的品牌课。它有以下四个优点。

1. 生本之课。整节课，教师始终放手让学生自己读、自己想、自己比、自己演、自己说、自己写，把学生放在首位，充分调动了学生的学习积极性。先学后教，以学定教，还教于学，很好地体现了学生是学习的主体的理念，教师只起设计、引导、示范的作用。

2. 读书之课。教师挤时间引导学生多读课文，读好课文。初读感知和品词析句两个教学环节设计巧妙，展示到位，颇有成效，形成了读中感悟、读中品词、读中理解的教学风貌。多读书是这节课成功的重要原因。

3. 语言之课。这节课把学生投入语言的大背景之中，引导学生感悟语言、积累语言、比较语言。句子比较、句式变换、词语积累等环节，显示出教师在教学设计上很有智慧，这些环节具有较高的教学价值。

4.趣味之课。在这节课上，从开始到结束，学生始终拥有无限的趣味和兴趣。做"小鸡操"的教学设计，起到了激发学生兴趣的作用，使学生处于兴奋状态，对语文学习乐此不疲。对第一学段的语文课来说，趣味性非常重要。这是课的一种境界，师生一起品尝、品味、品赏语文！

／2012年4月点评／

致力于学生语文素养的形成和发展
——《四季的脚步》点评

[执 教 者] 浙江省杭州市娃哈哈小学特级教师／胡君
[教材课文] 人教版课标本二年级上册

四季的脚步

春天的脚步悄悄，
悄悄地，她笑着走来——
溪水唱起了歌儿
——丁冬，丁冬，
绿草和鲜花赶来报到。

夏天的脚步悄悄，
悄悄地，她笑着走来——
金蝉唱起了歌儿
——知了，知了，

给世界带来欢笑。

秋天的脚步悄悄，
悄悄地，她笑着走来 ——
落叶唱起了歌儿
—— 刷刷，刷刷，
铺成一条条金色的小道。

冬天的脚步悄悄，
悄悄地，她笑着走来 ——
北风唱起了歌儿
—— 呼呼，呼呼，
雪花在欢快地舞蹈。

教学实录与点评

师：听说咱们班同学非常爱学语文，课外收集了许多好词佳句，是这样吗？

生：（非常响亮）是。

师：回答多么自信！那么，能不能说几个描写春夏秋冬的好词？

生：春天的好词是……

师：请直接把这个好词说出来。

生：春暖花开、丹桂飘香、鸟语花香、生机盎然、银装素裹、冰天雪地、百花齐放。

师：还可以说是百花 ——

生：百花争艳、百花怒放。

师：咱们班同学确实名不虚传。刚才听你们说得这么开心，我也想说几个，行吗？

生：行。

师：如果你们知道就一起说出来。春回 ——

生：春回大地。

师：真不错。花红——

生：花红柳绿。

师：声音越来越整齐了。夏日——

生：炎炎。

师：蝉叫……（生答不上来）

师：夏天有蝉在叫，还有什么在叫？（做动作）

生：青蛙叫。

师：前面蝉已经用了叫，为避免重复，后面不用"叫"，用——

生：鸣。

师：连起来。

生：蝉叫蛙鸣。

师：很好。金秋——

生：时节。

师：瓜果——

生：飘香。

师：寒冬——

生：腊月。

师：瑞雪——

生：瑞雪兆丰年。

【点评1：在语文课上，语言的才是最美的。课始，教师从回忆和积累与四季有关的四字词语入手，这既是学习课文内容的需要，也是语文课堂教学的需要，因为语文素养的核心是语言素养。】

师：同学们，大自然多么神奇，四个季节就像四个活泼可爱的娃娃一样惹人喜爱。在我们学习、生活的时候，她迈着轻快的脚步悄悄地来到了我们的身边。你们看——（播放一年四季美景的视频，配乐范读课文）

师：美吗？

生：美。

师：是啊！从你们刚才那一声声情不自禁的赞叹声中，从你们那专注的神情里，我感受到你们已经被这美妙的景色深深地吸引住了。是的，大自然就像一幅美丽动人的画卷。刚才在这个片子里，你听到了什么？看到了什么？又想到了什么？

生1：我听到知了在树上叫。

师：（引导）好像——

生1：好像在说："夏天来了，夏天来了！"

师：真好！想象力比知识更重要。谁再来？

生2：我听到了呼呼的北风声，还看到了一片片雪花在空中翩翩起舞。

师："雪花在空中翩翩起舞"，多有诗意呀！

生3：我看到小溪在哗哗地流，好像在说："春天来了，春天来了！"

师：不错。谁能来点儿创新？

生4：小溪哗哗地流着，好像在拍手迎接春天的到来。

师：多美的句子！

生5：我听到北风呼呼地叫着，它生气了。

师：北风生气了，多像一个淘气的——

生5：娃娃。

师：多可爱。你的想象力很丰富！

生6：我看到枫叶似火，一阵风吹来，枫叶飘飘悠悠，落到地上，铺成了一条金色的小道。

师：美极了！听着听着，我不禁想起了从课外书上看到的一句话，它是这样说的："秋天的落叶像一只只五彩缤纷的蝴蝶，舞着，旋着，扑向大地的怀抱。"同学们，此时此刻，你想起了哪些描写四季的佳句呢？让我们一起来分享一下。

生7：落叶是丰收给大地的名片，随深秋的风撒向原野的每一个角落。

师：多么富有诗情画意呀！

生8：杏花开了，柳树姑娘从睡梦中醒来。她伸伸懒腰，跟着春姑娘做做春操。

师：二年级的小朋友能说出"春操"这个词，真了不起！（环视学生）嗬！还有那么多的小手举着。这样吧，想背的都站起来大声地背吧。（生大

声地自由地背佳句）

【点评2：诗歌教学要把诗与画结合起来，把诗文与想象联系起来。这不仅是一种教学方法，更是一种教学内容的整合。而且，这里留足了课堂时间，保证了学习过程的充分展开。语文素养的形成需要时间的保证。】

师：祖国的语言文字充满着无穷的魅力，四季在这些作家的笔下，更是显得多姿多彩。同学们，让我们也拿起手中的笔，写一写自己最喜爱的那个季节。写一两句话，尽量把你的话写得像诗一样美。

（音乐响起，生写话，师巡视指导）

【点评3：教师创设情境，让学生先"素写"，即不提要求，没有限制，让学生在自然的状态下写作。这个素写与课文内容又是一个对比性学习。看似简单的设计，却具有重要的教学意义。】

师：请放下手中的笔，我们一起来欣赏一下这几个同学眼中美丽的季节。（出示第一句话）这是哪一位同学写的？请站起来美美地读一读。

生9：（读）春季是美丽的季节，是她给大地带来了无限生机。

师：这就是这位女孩眼中的春季，我们再来看看这位同学眼中的夏天。（出示第二句话）

生10：（读）夏天，知了在树上不停地叫着，小狗在树荫下直吐舌头。

师：我们再来看看这位同学写的秋季。

生11：（读）秋季，一个丰收的季节。凉风习习，田野里荡起一层层麦浪，树林里一片片落叶在空中飞舞，就像一只只蝴蝶在空中翩翩起舞。（全体学生热烈鼓掌）

师：很多同学都情不自禁地给她鼓掌了，但胡老师觉得，如果她把后面的"空中"一词去掉会更好，因为前面已经用了"空中飞舞"。我们再来看一看这位同学眼中的冬天。

生12：（读）冬天，大雪纷飞，漫山遍野一片雪白。俗话说："今冬麦盖三层被，来年枕着馒头睡。"明年定是一个丰收年。

师：这位同学真会学语文，还会联系以前学过的课文来写句子。同学们，如果我们把这四位同学的句子连起来，稍做修改，就是一篇优美的短文了。如果要你给这篇短文取个题目，你会取什么题目？

生：美丽的四季、多姿多彩的四季。

师：有一位叔叔，他置身于大自然这幅美妙神奇的画卷中，写下了一首诗，这首诗就是我们今天要学习的课文，题目叫作"四季的脚步"。（板书课题）大家一起来读一读课题。（生齐读）

师：这首诗写得可生动活泼了，胡老师第一次读的时候就被它深深地吸引了。你们想读吗？

生：想。

师：在读之前，我想了解一下，平时你看到一篇新课文，是怎么把它读正确、通顺的？

生：第一次读时，大概了解一下课文；第二次读时，认真读好课文中的每个句子；第三次读时，了解课文的意思，不懂的就问同学。

师：不懂就问，是个好方法，值得大家学习。

生：第一次读时，先把生字词读正确；第二次读时，把课文读通顺；第三次就有感情地读课文。

师：真有层次。看来，同学们已经掌握了不少的读书方法，我为你们感到骄傲！好，用你们掌握的读书方法把课文读正确、通顺吧。（发课文，生自由读）

师：（板书：歌儿）刚才我听到很多同学读这个词很吃力。这也难怪，咱们南方的孩子读儿化音没有北方的孩子那么流利。谁愿意当小老师，读一读这个词？（一生读，较生硬）

师：有点儿别扭。请跟我读。（生跟读）

师：在这首诗中，都有谁唱起了歌儿？

生：溪水、金蝉、落叶、北风。

师：每个季节都有它不同的歌儿。同学们，这首诗中还有一个标点符号。（板书：——）你们有没有学过这个标点符号？

生：它叫破折号。

师：对。这个破折号该怎么读呢？谁愿意跟胡老师合作？（请了一名学生）我读第一小节的第一、二行，你读第三、四、五行。（师生合作读第一小节）

师：听明白了没有？怎么读？

生：明白了。读到破折号时，要稍微停顿一下。

师：对。读到破折号时，脑子里要想一想。（如，"她笑着走来——"要想：给我们带来了什么？）这样不但读出了破折号的停顿，而且读出了破折号的意思。好，我们一起来试试。（生齐读第一节）

师：（插话）刚才，有同学读"悄悄地"是这样读的（大声读），有意见吗？

生：应该很轻很轻地读。

师：对。悄悄地就是不知不觉地。现在是什么季节？

生：夏天。

师：那么夏天是哪一天来临的，你知道吗？

生：不知道。

师：所以说，每个季节都是这样悄悄地来到我们的身边，这个"悄悄地"要读得轻些。（生再读，大有进步）

师：其他三节诗，谁愿意来展示一下自己？（指名三位学生读，一人读一节，要求读正确，读通顺）

师：看来，要把课文读正确并不是一件容易的事。下面，让我们深入课文的字里行间，与作者进行对话，用心感受大自然的神奇与美丽。（板书：神奇 美丽）有人说，读书给人智慧，给人灵气，给人快乐，你们还想读吗？

生：想。

师：下面我想请一位同学与我合作读第一节，谁愿意第一个和我合作？（请了一名男生）我读第一、二行，你读第三、四、五行。（师生合作读第一节）

师：真棒！下面就请你当小老师，像我一样，选一位同学做你的伙伴，

来读下面一节。（生生合作读后面三节诗，男生与男生合作读，男生与女生合作读，男生与全班合作读）

【点评6：三分诗七分读，诗歌教学贵在朗读。这里既有读诗的时间保证，更有读诗的重点指导，如对儿化音、破折号、节的具体指导，读的形式也是多种多样。】

师：同学们，如果说有声朗读是一种交流，那么无声朗读就是一种思考。现在，胡老师想请你无声朗读这首诗，一边读一边思考：这首诗共有几节？节与节之间有什么相同的地方？（生默读全诗，边读边思考）

师：现在请把你的发现与同桌交流交流。（同桌互相交流发现）

师：下面，让我们一起来分享一下大家的研究成果，请这位女生先来。

生：这首诗一共有四节，每节都有五句话，标点符号都是相同的。

师：这就是这首儿童诗的第一大特点 —— 结构相似。你发现了，真了不起！

生：我发现第一节写春天，第二节写夏天，第三节写秋天，第四节写冬天，写了春夏秋冬四个季节。

师：这首诗是按照春夏秋冬这个时间顺序写的。你发现了，也不错。

生：我发现四节诗的格式是一样的，许多词也一样。

师：你是说它的结构相似，句式相同。对吗？

生：对。

师：（出示全诗，每节诗中相同的部分用黑色的字，其余用红色的字）你看，这些黑色的字都是相同的，括号当中的词是每个季节不同的特点。这就是这首儿童诗的第二大特点，句式相似。你有一双慧眼！

生：我发现作者把每一个季节都当作人来写。

师：你是怎么发现的？

生：因为"悄悄地"一词的后面是用写人的"她"。

师：对呀。诗中溪水会唱歌，金蝉也会唱歌，这种写法叫什么？

生：拟人。

师：作者用拟人的写法，使我们读起来感到特别亲切、生动。第三大特点也被发现了。还有吗？

生：我发现每节诗最后一个字的韵母都是ao。

师：他大概是我们班的"语文小博士"吧！这么隐蔽的特点都被他发现了。让我们来验证一下，第一节最后一个词是"报到"，第二节是"欢笑"，第三节是"小道"，第四节是"舞蹈"，确实是这样，你太了不起了！（全班学生鼓掌）那么，这叫什么呀？

生：押韵。

师：你是怎么知道叫押韵的？

生：我是从课外书上看来的。

师：爱读书的孩子就是聪明，再次把掌声送给这位爱学习的同学。（生热烈鼓掌）

师：押韵会让诗读起来朗朗上口。

生：我还有一个发现，每一节都有象声词。

师：了不起呀！同学们，你们不但善于观察，而且善于学习。刚才你们发现的这些相同的地方，其实就是这首诗的特点呢！剩下的部分就是四季不同的特色了。四个季节各有各的美丽，带给我们不同的快乐。那么，我们该怎么读好课文，把四种不同的美丽和快乐展示出来呢？请选择你最喜爱的季节好好练一练。（生选择季节，自由练读）

【点评7：教师关注语言表达特点，通过学生的交流、讨论，初步揭示了诗歌的四个特点：结构相似、句式相似、拟人写法、押韵。这是诗歌教学的目标所在，弥足珍贵。】

师：现在是夏天，就先请选择"夏天"的同学来展示。不过，我想先了解一下，你们为什么选择夏天？

生1：因为夏天枝叶繁茂，绿树成荫。

师：所以有人说夏天就像一位热情奔放的少年，生命力非常旺盛。

生2：因为夏天天气非常炎热，大家可以在海里游泳，在沙滩上尽情地玩沙。

生3：还可以吃到爽口的冰激凌。

师：真爽。

生4：夏天，满目是绿，对眼睛很有好处。

生5：夏天，我们女生可以穿连衣裙，非常美丽！

师：夏天有这么多的美与快乐，真好！就请你们通过朗读把它表现出来吧！（生读课文）

师：有人说快乐是可以传递的。通过同学刚才的朗读我想大家都感受到了夏天的美好，让我们一起再来读一读这节诗的最后一句，把快乐带给在座的每一位。（生齐读）

师：下面谁来展示其他季节的美丽？（一生读第一节）

师：她有一个词读得特别好，听出来了吗？

生：赶。

师：你为什么要这样读？

生：因为春天特别美丽，绿草和鲜花生怕自己迟到，都赶来报到。

师：这个"赶"字，充分体现了春天的生机和活力，让我们再来美美地读一读这一节。（生齐读）

师：诗是美的，景色是美的，诗人的语言更美。谁来展示秋天的美丽？（一生读）

师：秋季是丰收的季节。联系生活，在秋季，有哪些东西丰收了？

生：苹果、梨子、葡萄……稻子也成熟了。

师：所以说秋天是瓜果——

生：飘香。

师：请选择秋天的同学起立，一起来读读这一节。（生起立读）

师：下面请你们推荐一位读得特别好的同学，展示那雪花飘舞的冬天。

（生齐声推荐一名男生）

师：（采访被推荐的男生）大家一致推荐你，你有什么感觉？（生说不上来）

师：看来这位男生平时表现特别好，经常被推荐，习以为常也就没有感觉了。（众笑）我们掌声鼓励一下，给他来点感觉。（生读）

师：景美，诗美，你的朗读更美！

生：谢谢！

师：冬天是寂静的，但"雪花在欢快地舞蹈"，它怎么会那么快乐？

生1：因为有呼呼的北风给它伴奏。

生2：因为它与麦苗交朋友，给麦苗盖上了被子，麦苗快乐，它也快乐。

师：这位同学很有智慧，能联系前面学过的课文《雪被子》来理解，太好了。这情景可以用课前搜集的好词来概括，叫瑞雪——

生：兆丰年。

师：多可爱的雪花呀！它给寂静的冬天带来了生机，带来了欢乐。让我们一起美美地读一读。（生齐读第四节）

师：有人说，熟读成诵。我发现有些同学这样读着读着已经把它给背下来了。现在，再给大家一分钟的时间，挑选你最喜欢的那一节中最难的地方背一背。（生背诵）

师：很好。每位同学都背得那么投入，那么认真。现在让我们把这首美丽的诗送给在座的每一位老师。我加入你们的行列，我背每节诗的第一、二行，你们背每节诗的第三、四、五行。（师生合作，有感情地背诵全诗）

【点评8：教师把读和背结合起来，把学习和积累统一起来。把背诵纳入课堂，并真正地落实，这是形成和发展学生语文素养的重要举措。】

师：同学们，多么美丽的四季诗啊！前几天，胡老师在家中就这样读着背着，不知不觉地就唱了起来，于是，凭着自己在师范学校里学到的那点音乐知识，给这首美丽的小诗配上了曲子。（播放课件，呈现《四季的脚步》歌曲）你们想不想听听是怎么唱的？

生：（兴奋地）想。

师：那胡老师就来唱一唱春天这一段。为了能达到较好的效果，我今天还带了手风琴。胡老师已经很久很久没有拉过手风琴了，如果有拉得不好的地方，请同学和老师们多多包涵。大家先来点掌声鼓励鼓励我吧。（全班学生热烈鼓掌，师边拉手风琴边唱，全场掌声雷动）

师：现在请你们随着我的琴声，也来轻轻地哼一哼这首歌，好不好？

生：好。

（师边拉边唱，生有节奏地打拍子，轻轻地哼了起来，听课教师也情不自禁地跟唱）

师：现在我们一起来唱一唱，会唱的同学声音大一点。（师生再次合作唱）

师：多美的四季诗，多动听的四季歌呀！今天，我终于找到了古人把诗歌谱成曲子来吟唱的原因了。其实，诗中那"丁冬"的溪水，"刷刷"的落叶，"呼呼"的北风，本身就是一首动听优美的旋律。四季就是这样给我们带来无穷无尽的乐趣，伴随着我们长高、长大。现在，就让我们一起来看看我们班同学投身于大自然的精彩瞬间。（呈现课前从学生中搜集的生活照）

【点评9：教师把诗的内容学习与诗的演唱结合起来，既有趣味性，又符合文体特点。】

师：（出示第一张照片）这是谁？请大声地叫出她的名字。

生：李童童。

师：你看，春天到了，她张开双臂，在美丽的大花坛旁幸福地笑了，笑容是这样的灿烂。（出示第二张照片）这一池荷花，使我们想起了一句诗——

生：映日荷花别样红。

师：（出示第三张照片）秋天到了，这位同学在照片上写上了时间，还起了个题目，叫——

生：落叶知秋。

师：再来看看这些同学在干什么？（出示第四张照片）

生：有的在滑雪，有的在堆雪人，打雪仗。

师：快乐无比呀！（出示自己的生活照）这是谁呀？

生：胡老师。

师：一下子就认出来了。胡老师来到美丽的大海边，看到这么美丽的景色，张开双臂，尽情地欢呼起来。你知道胡老师会怎么欢呼吗？

生1：太美了！

生2：大海，我爱你！（众笑）

师：我在欢呼（指着板书）大自然，你真是——

生：太神奇，太美丽了！

师：让我们一起来欢呼。

生：大自然，你真是太神奇，太美丽了！（配上动作）

师：有人说，大自然带给我们的欢愉是任何事物都无法替代的。阳光的抚摸，微风的呢喃，还有小鸟百转千回的歌声，都给人一种心灵上的愉悦。希望同学们在课余时间多多投身大自然的怀抱，以自己的方式，或唱或画或写诗，来表达对大自然的热爱与赞美吧！

【点评10：教师把诗歌的内容还原为生活。教师这种基于生活的语文教学，从课内到课外，从诗歌到生活，有利于学生加深对课文内容的理解，有助于提升诗意主题。】

 总评

总体来看，这节课理念新颖，主题鲜明，板块独特，方式多变，教程流畅。特别是教师在学生语文素养的形成和发展方面进行了较有创意的探索，具有以下五个比较鲜明的特色。

1. 关注学生。"一切为了学生的发展"是语文教学的逻辑起点和最终归宿。在这节课上，教师尊重学生、鼓励学生、引领学生、促进学生的场面随处可见，在师生的互动和对话中也都凸显了学生的主体地位，"学生在先，教师退后"的思想具体反映在读诗、背诗、唱诗、展示生活照等各个环节中。其中，值得一提的是"据读提问"的教学策略：学生读在前，教师问在后。例如，学生在读了"悄悄地""赶"后，教师才追问其理。胡君老师说，语文教学一旦真正关注了学生的发展，并把教学效果落实到学生身上，课堂教学就会变得无比精彩。

2. 关注语言。语文素养的关键要素是语言素养，包括语言积累、语言理解和语言运用。教师较多地关注了学生的语言积累，这体现在本课的四个方面：一是刚上课时有关春、夏、秋、冬的好词、好句的积累；二是学生在读、背的过程中对有关语言感受的积累，积累语言中所蕴含的形象感、意蕴感和情趣感；三是语言表达特点的积累，教师引导学生发现这首诗的四个特点、初步的修辞手法以及破折号的用法；四是规范语言的积累，如组织学生背诵课文等。

我们从本课教学中可以看出：语言积累不仅是对语言现象的简单记忆，而且要经历一个朗读、理解、感悟、背诵的过程。所以，语言积累不仅是对结果的描述，更是一种过程的体现。

3. 关注素养。请看胡君老师的课堂引领。一是良好语文习惯的养成。这堂课的各个环节都十分注意培养学生的读书、思考、合作、探究能力。胡君老师在课堂上是这样说的："平时你看到一篇新课文，是怎么把它读正确、通顺的？""如果说有声朗读是一种交流，那么无声朗读就是一种思考。"二是现代人文素养的增进。这堂课一个很成功的地方就是，不囿于语言文字本身，把学习触角深入课文背后更为深厚的人文内涵。她说："大自然带给我们的欢愉是任何事物都无法替代的。"三是愉悦精神世界的培养。听胡君老师的课不只能学到知识，更能获得一种精神上的享受。她在课中拉手风琴的目的就是给学生创设一种欢快的情境。她说："读书给人智慧，给人灵气，给人快乐。"

4. 关注过程。学生的学习活动是由目标、过程、结果和评价四个因素组成的。其中，"过程"指的是在整个学习序列中对内部关系的动态分析和程度的展开。学生的有效学习要经历一个由少到多，由片面到全面，由浅入深，层层递进的过程。教师在本课的重点、难点处都有意识地展示了教学过程，从而使课堂丰盈而有效。教师在播放一年四季美景的视频后，引导学生从听到的、看到的、想到的三个方面展开想象，之后又安排了一个写想象的过程，其流程是十分舒展的。胡君老师的课堂评价更是有个性特色，不但评价时机得当，评价语言灵活，而且能把学生成长的过程看作评价的组成部分。在学习过程中评价，可以促使评价过程和学习过程融合起来，如"想象力比知识更重要""景美，诗美，你的朗读更美！"

5. 关注提升。语文课堂教学应追求一种"变化"的状态。变化意味着对现状的改变，预示着学生的进步和发展。小变化小发展，大变化就会大发展，不断变化才能带来语文教学质量和品质的不断提升。本课教学设计有众多的亮点：其一是课中发课文；其二是课堂教学与课外资源有机联系，包括文本资源、音像资源、乐曲资源、生活资源等；其三是学生体验在先，教师教学在后。其程序是：欣赏美景→想象交流→片段作文→课文学习→课外拓展，这些做法都打破了课堂教学常规，改变了学生原有的思维方式，使学习处于最近发展区，为提升学生的语文素养做出了努力。由此我们想到，语文教学要"为提升而为，为提升而教，为提升而学"。

/ 2005年8月点评 /

"素课论"视野下的寓言教学
——《守株待兔》点评

[执 教 者] 浙江省杭州市滨江区教师进修学校 / 张林华
[教材课文] 人教版课标本二年级下册

---------------------------- ❖ **守株待兔** ❖ ----------------------------

古时候有个种田人，一天，他在田里干活，忽然看见一只野兔从树林里窜出来。不知怎么的，它一头撞在田边的树桩上，死了。

种田人急忙跑过去，没花一点儿力气，白捡了一只又肥又大的野兔。他乐滋滋地走回家去，心里想：要是每天能捡到一只野兔，那该多好啊。

从此他丢下了锄头，整天坐在树桩旁边等着，看有没有野兔再跑来撞死在树桩上。日子一天一天过去了，再也没有野兔来过，他的田里已经长满了野草，庄稼全完了。

 教学实录与点评

一、游戏识字

师：老师想去一片小树林和田野，谁能满足老师的心愿，画出一片树林和田野？（指名画）

师：老师在树林旁造了一座房子，并用双手守住。（写甲骨文的"守"字）哪一部分表示房子？"寸"在古代表示双手。"宀"和"寸"的组合表示什么意思？（指名说）平时，你看见谁在什么地方守住什么？我们上课、过马路时呢？（生答略）

师：今天，我们来学习一个种田人和守有关的寓言故事。

【点评1："素课论"观照下的导课，就是在师生互动中营造与课文主题相关的、富有情趣的学习情境，引导学生主动思考，自我发现。教师让学生兴趣盎然地创作田园图，还通过风趣的师生对话，营造轻松的学习情境，这为下面的课文学习准备好了主题情境图。教师把这个情境图转化为学生识字及言语实践的语境，先让学生通过观察甲骨文的"守"字，发现汉字偏旁"宀""寸"的基本含义，再结合情境图思考两个偏旁组合在一起有什么含义。学生在主动展开形象思维后，联系生活进行拓展组词造句，接触凝聚在"守"中的汉字文化——用自己的双手守卫自己居住的家园和精神家园。这也为学生下面深入地理解寓言故事的主人公愚蠢的想法和行动打下了基础。】

二、揭示课题

师：（板书课题，指导生认真书写课题）听过这个故事吗？你是怎么知道这个故事的？（指名说）

师：古代有一个大思想家，他的名字叫韩非。（板书：韩非）他看见身边有很多可以引发大家思考的现象，就想出了一个个故事，然后把它们写了出来。今天我们一起学习他写的一个故事。

【点评2："素课论"视野下的导课要简洁、明快，要激活学生的前理解，避免让学生在零起点上展开学习。教师让学生通过写来积累词语，引导学生回忆知道这个故事的途径，使学生在无意识中将自己和故事联系在一起。接着，又让学生了解作者创作这个故事的背景，激发了学生自主阅读的兴趣，有效地进行了目标导向。教师没有让学生将目标锁定在具体的情节内容上，而是让学生关注故事是怎么创作出来的，让学生从一开始就在寓言文化语境中学习。】

三、读通故事

1. 梳理学生的读书方法，素读课文

师：有趣的故事该怎么读哇？谁来给大家提提建议？[根据学生发言梳理出读书方法：(1) 读通顺，读流利；(2) 读出感情，读出人物的神情和想法；(3) 读懂道理，读出自己的看法。]

师：现在自由读4分钟，要读懂故事。

【点评3：教师联系学生已掌握的学习方法，让学生在新的学习过程中形成知识组块，实现语文学习的增量，这是素课设计的起点。首先，教师让学生回忆自己平时读有趣故事的好方法，系统梳理方法后帮助学生初步了解读书有三个方法。在第一次素读时，教师不提任何要求，只是让学生在轻松、无压力的4分钟里自由地读故事。】

2. 在语境中识字

师：这篇故事里面哪一段生字最多、最难读？

生：第三段。

（师指名朗读第三段，帮助学生在汉字文化语境和文本语境中识记生字）

师：大家互相交流一下，"此"这个字有什么办法记忆？（生答略，师拿出一些纸，去掉一些纸，再去掉一些纸，剩下一张纸，来帮助学生理解"此"与"些"的字形和字义，并联系生活场景进行词串拓展，如此文、此时、此刻）

师：回到课文语境，种田人"从此"丢下了锄头，他具体是从什么时候开始丢下锄头的？联系课文读句子。（生读课文）

师：我们还可以运用看字形、联系偏旁想意思、编字谜等方法学习生字。比如，丢＝一＋去，字谜"一去不回来"；锄＝金＋助，字谜"铁器帮助挖地"；桩＝木＋庄，字谜"村庄左边树木多"；撞＝扌＋童，字谜"儿童走路要手扶"。

（师在学生理解生字意思后，再让学生读课文第三段，要求读出语言的味道。）

【点评4：识字教学是二年级语文学习的重点。"素课论"观照下的识字教学要为学生提供汉字文化语境，让学生通过分析字形来联想字义，最后再回到文本语境来理解语境意义。这不仅让学生从源头理解基本字义，而且让学生通过意象思维的方式学习古人造字的智慧和思维方式，让学生渐渐感受到一个汉字就是一幅画，就是一首诗歌，就是一个故事。教师从学生认为难读的段落出发，先抓住会意字"些"，通过动作及联系生活实际，让学生在了解"些"的基本意义后，从"此文"拓展到"此时、此刻"等词串，进而理解"此"的本义和语境意义。再让学生尝试用分析字形、联想字义的方法理解"撞""锄"等字，再回到课文语境，帮助其理解课文内容，使得汉字在阅读中具有原型启发的意义。】

3. 理解题目意思

师：在第三自然段中，我们能不能找到题目中四个字的意思？（指名说题目中每个字的意思，师在黑板上画图，最后让学生再连起来说题目的意思）

4. 概括性复述课文主要内容

师：谁能看着这幅图，用简洁的话把故事说清楚、完整？（生答略）

师：现在我们创设一个情境复述这个故事，怎么给正在烧菜的爸爸讲这个故事？（师生合作表演，略）

【点评5："素课论"观照下的语文教学要关注文体特点。故事类课文教学，要让学生学会复述，把别人的故事转化成自己的故事。本节课的复述训练有时间保证、有方法引领、有虚拟的"真实情境"做支撑，使学生对整个故事有整体观照，还让学生在听辨中思考怎么把话说得简洁、清楚、完整，扎扎实实地进行了言语概括训练。】

四、读懂寓言

1. 读出人物表情

师：我们读故事不仅要读通顺，还要读出表情。同学们看看课文的第一段，你要读出种田人的什么表情？怎么把这些表情"读"到自己的脸上？

（生练读，找出有联系的词语体会种田人的表情。师组织学生抓有联系的词语，体会"死了""窜""撞"等词语和"惊讶"神情的联系）

师:"窜"可以换成哪些词语?(出示"窜"的字体演变图)想想动物"窜"时的心情如何?这一"窜",结果怎么样?(生答略)

师:兔子这么一窜,种田人感到很奇怪。谁来好好读读这句话?(指名读)

师:这个种田人明白兔子撞死的原因吗?从哪个词中可以看出来?

生:不明白,"不知怎么的"。

师:是啊,种田人不明白,连作者也不明白。所以,他就用"不知怎么的"来表达。在生活中,你是不是也碰到过类似的事情?请你用"不知怎么的"来说一句话。(生答略)

师:兔子撞死的这件事会经常发生吗?(生交流,师板书:偶然)

师:抓有联系的词语复述一下种田人为何惊讶。(指名说、点评)

【点评6:张老师为了让学生深入研读课文,提出了一个富有挑战性的话题——怎么把种田人的表情"读"到自己的脸上?这犹如一石激起千层浪,让学生阅读的自主性得到充分发挥。课文中没有直接描写人物神情的语句,要读出人物表情就必须反复研读课文,抓住有联系的词语,恢复文本的语境,揣摩种田人当时的神情。学生在自主阅读后,仔细品读窜、撞、死了、不知怎么的等词语,体会种田人惊讶的神情。在理解"窜"的时候,张老师先让学生从字体演变猜想字义,通过换词比较、回归文本语境推想等几个思维过程,让学生对"窜"描绘的状态、由此产生的结果有了深层次的认识。】

2.读出人物想法

师:读故事还要读出人物内心的想法。这个种田人白捡了撞死的野兔后到底在想什么?请和同桌一起读课文第二段。(生自由读)

师:要读出种田人当时的神情——乐滋滋。(出示词语)比较乐悠悠、乐呵呵、乐滋滋的偏旁,猜想它们的意思。你认为在课文中用哪个词语更好?默读课文并找出理由。(生默读)

师:种田人乐滋滋的想法会实现吗?这是什么样的想法?

生:空想、异想天开。

师:这种不想劳动就想得到收获的想法叫什么?

生:不劳而获。

师：（出示"获"的字源图）联系课文，种田人结果怎么样啊？

生：一无所获。

【点评7：教师让学生充分感受寓体形象，为学生理解寓意打下基础。学生在读出人物内心的想法的任务驱动下，与文本高频度地接触，在自己读、与同桌一起读的过程中，逐步走进人物的内心世界。张老师先让学生阅读时想象人物空想时的神态，在学生理解"乐滋滋"的本义后想象读；再让学生在复述中，转换语言读，如加上语气词，突出人物的想法异想天开；接着，拓展"获"的字源意思，让学生联系上下文进行推理、判断，认识到寓言中主人公的主要毛病，为下面学生理解寓意进行铺垫。】

3. 读出自己的看法

师：我们读书不仅要读出人物的想法，还要读出自己对这个人物有什么看法。你是喜欢他还是讨厌他？是赞美他还是批评他？请读最后一段，通过朗读读出你的态度。（生练读课文，交流，略）

师："丢下了锄头"意味着什么？"整天"等着不是很尽责吗？（生答略）

师：如果你是他的朋友、邻居、儿子，你会怎么劝说他呢？同桌合作，一位当种田人，另一位当劝说的人，劝说的人要诚恳地指出种田人的错误，并帮助他改正。（生练习）

师：种田人守株待兔的事情，被一位记者知道了。他来采访种田人的邻居。这位邻居会怎么向记者介绍情况呢？邻居应重点讲什么？（生复述，略）

师：你想知道韩非想把这个故事说给谁听吗？他是说给国王听的。你想知道他是怎么说的吗？（出示原文）借助拼音读读，你能发现原文与课文有什么不一样吗？（生答略）

师：书上的故事是后人根据古文改编的。可以把人物的表情写得夸张些，把人物的想法写得夸张些，把人物的行动写得夸张些。这样既让人感到好笑，又给人启发。像这样通过一个简短而有趣的小故事，让我们明白一个深刻道理的文章，就是寓言。

【点评8：张老师从学生学习语文的认知特点出发，让学生在理解课文的基础上运用自己的语言表达对种田人的看法。学生自然把自己对寓意的理解融入其中。由于前面学生对故事情节和人物形象已有了自己的理解，在劝说情境中，学生能联系上下文和自己的体验，对种田人提出诚恳的、合理的建议。最后教师又链接原文语境，让学生感知寓言的劝说作用，体会寓言故事的特点。】

五、写字练习

师：同学们，其实，我们在生活中，有很多不好的想法都应该丢弃。（范写"丿"）什么样的想法应该重重地撇去？（生谈自己看法，略）

师：那我们要守住什么？（范写"守"）要守住做人的道理，也就是做人应遵循的规律。守的时候还要遵循规律，下面的一点表示规律、做人的道理，要点得像水珠一样上尖下圆。（生书写"守、丢"，师评价）

【点评9："素课论"观下的写字指导，教师不是只强调把字写端正，也不是停留在表面的字形指导上，而是要结合语境让学生明白为什么要这样写。这是"知义构形"的过程，也就是要把汉字背后的文化和汉字构形的思维方式，直观地、富有趣味地渗透给学生。张老师在指导学生写字时，注重结合寓言故事的道理，让学生知道汉字的每个笔画及其位置关系的文化信息，感受到"丢"的一撇会说话，在写这个笔画时，仿佛听到故事的作者告诉我们要丢弃不劳而获的想法，起笔要有力；在指导"守"字时，引导学生思考做人应该遵守什么，让学生理解"寸"中一点的内涵和写法之间的关系，初步感受到写好字就是学会做人的道理。】

 总评

本课达到了提高学生语文素养、让学生进行有效学习、让学于学生的要求，让学生在轻松、自然的学习情境中走进文本。教师通过让学生读通故事，了解大意，理解题意，读出人物的表情和想法，读出自己的看法等几个方式，让学生潜心研读课文；通过把握文本的语言现象进行语言感悟、理解、巩固、应用等一系列言语实践活动，让学生初步感知阅读寓言的方法。

这节课有以下三个特点。

1. 立足语言文化进行识字教学。张老师在识字教学中充分发挥了汉字的原型启发作用，让学生观察字源，分析汉字字根之间的关系，联想汉字的基本意思，再结合生活语境和文本语境理解汉字的语境意义。这不仅能促进学生对文本的理解，还能帮助学生在汉字文化背景中进行词语积累和运用。

2. 复述是学习寓言故事的有效方法。经典的故事会不断被人转述流传。张老师让学生在概括性复述、创造性复述的过程中走进人物的内心世界，还让学生感受寓言文体的表达方式，为今后创编故事打下基础。

3. 从"个"走向"类"的学习。张老师让学生在识字过程中总结方法，再进行迁移识字，从而认识一类汉字；让学生通过抓有联系的词语品读人物的表情、内心想法、愚蠢的行为进而体悟寓言人物的可笑，最后提出自己的看法，帮助学生初步习得了阅读寓言的方法，从而为今后学习更多的寓言奠定了基础。

／2011年4月点评／

把学生投入语言的海洋

——《画风》点评

[执 教 者] 浙江省杭州绿城育华翡翠城学校／方建兰

[教材课文] 人教版课标本二年级下册

画 风

宋涛、陈丹、赵小艺在一起画画。他们在洁白的纸上画了房子、太阳、大树，陈丹还在树上画了几只小鸟。

宋涛说："谁能画风？"

陈丹说："风，看不见，摸不着，谁也画不出来。"

赵小艺眨眨眼睛，想了想，说："我能！"只见她在房子前面画了一根旗杆，旗子在空中飘着。

宋涛说："是风，风把旗子吹得飘起来了。"

陈丹说："我也会画风了。"说着，她在大树旁边画了几棵弯弯的小树。

宋涛想了想，他把画上的太阳擦去，画了几片乌云，又画了几条斜斜的雨丝，说："下雨了，风把雨丝吹斜了。"

赵小艺笑着说："我还能画！"她画了个拿风车的小男孩，风车在呼呼地转。

三个小朋友正说着，画着，忽然吹来一阵风，画中的景物好像都在动。一张张画显得更美了。

教学实录与点评

教学目标：

（1）语言的理解。听写宋涛、陈丹、赵小艺三个名字，巩固生字"涛、陈、丹、艺"。通过讲解让学生初步感知我国的姓氏文化，体会语言中包含的文化内涵。

（2）语言的积累。通过"（　　）的（　　）"词组填空练习，学习与运用词语，积累规范的语言。

（3）语言的转换。把课文中的句子改写为儿童诗，让学生初步感受语言表达形式的转换，体会语言表达的多样和美妙。

【点评1：目标中有语言。教学目标紧扣语言，并从语言的理解、积累、转换三个方面做了具体、明确的描述。这样，教学目标因语言设置，因语言而教，为语言而学。本节课在语言的知识与能力，过程与方法，情感、态度与价值观上确立了目标。这样的目标定位准，方向明，易操作，可检测。】

一、荐诗导入

师：老师准备了一份小小的礼物，是什么呢？是一本书，里面藏着两首小诗。想不想打开念一念？咱们念其中一首吧。题目是"谁见过风"，这是英国诗人克里斯蒂娜·罗塞蒂写的。（指名逐句朗读，要求读正确、流畅。师领读一遍，帮助学生感受儿童诗的味道）

谁见过风

克里斯蒂娜·罗塞蒂

谁也没见过风，
无论是你，无论是我。
当树叶沙沙作响，
那是风在吹拂。

谁也没见过风，
无论是你，无论是我。
当树向你频频点头，

那是风在吹过。

【点评 2：课始有语言。教师根据第一学段学生的年龄特点与认知水平，结合课文内容，以书的形式推荐并朗读儿童诗，课始直接进入语言学习。这既激发了学生的学习兴趣，又进行了语言熏陶，也为后面的句子改写做好了语言形式的铺垫。】

二、词语听写

师：风，谁也没见过，可是咱们学的课文里说有三个小朋友还画风呢！还记得画风的是哪三个小朋友吗？请拿起笔端端正正地写下他们的姓名。有两个字：赵、宋（板书），不会写的小朋友请看黑板，最多只能看一眼哦。

（生写：赵小艺、陈丹、宋涛）

师：小朋友们，姓名由姓和名组成，如赵小艺，姓赵名小艺。姓有单姓和复姓之分，复姓如我们的申屠校长。姓很丰富，古时候有人编写了《百家姓》，书里搜集了五百多个姓呢。名呢？有两个字的、三个字的，还有四个字的。你的姓名不但能叫得响亮、好听，还寄予了爸爸妈妈对你的期望呢。再看这三个姓名（出示课文图片），我们猜他可能就是宋涛了，为什么呢？

生：因为他是男同学。

师：（板书：他）那么，她就是陈丹或赵小艺了。

生：女同学就用"她"。（师板书：她）

师：他们在一起画风。男同学和女同学在一起用"他们"。（板书：他们）

【点评 3：在姓名理解中有语言和文化。听写是学生掌握字、词、句的有效手段，是教师常设的课堂练习环节。听写词语环节不能单一进行，而应整合对姓名的理解、姓氏文化的渗透、有关第三人称的知识，这样可以使语言与文化联系在一起，增加了语言的厚度。】

三、词语填空

师：他们在一起画了——（出示：弯弯的小树　斜斜的雨丝）还可以把什么放在前面，什么放在后面？他们又画了——〔出示填空：（　　）的旗子（　　）的风车〕（生填空）

师：他们还可能画了——〔出示填写：（　　）的（　　）〕

（生反馈、交流。师指名读词组，同桌互读互评）

师：小朋友们真会动脑筋，想出这么多不同的风来；积累的词语也很丰富，把风描绘得这么生动，这么美妙。

【点评4：在填空练习中积累规范的语言。教师结合课文内容，抓住文中"（　　）的（　　）"这一语言现象，由课内到课外，有层次地指导学生进行填空练习，使学生在练习中积累词语，并尝试运用，体会语言的规范性。】

四、句子改写

师：小朋友们，咱们知道，风看不见也摸不着，赵小艺他们却动脑筋把风给画出来了，那么他们是怎样画风的？现在自由朗读课文第四到第九自然段。（出示：赵小艺，指名朗读）

师：用自己的话说说赵小艺是怎样画风的。〔出示：赵小艺想了想，画了——（指名说）〕

师：宋涛可高兴了，说——〔出示句子：宋涛说："是风……"〕

师：谁来这样说一说宋涛说的话？（出示：是风，指名读）

师：谁能把这些话连起来说一说？提示：赵小艺想了想，画了——是风——（出示改后的句子：赵小艺想了想，画了在空中飘动的旗子。是风，风把旗子吹得飘起来了。）

师：还可以说，"是风，风把旗子吹得飘哇飘"或"风把旗子吹得好像在向我们招手"。课文中的句子和改后的句子有什么变化？（生答略）

师：照着样子把文中写陈丹画风的句子改一改。〔出示：陈丹想了想，（画了几棵弯弯的小树）〕你也来像宋涛小朋友一样夸夸陈丹画的风吧。

生：是风，是风，风把小树吹得弯弯的。

生：是风，风把小树吹得笑弯了腰。

师：自己再读读句子，独自把宋涛画风的句子改一改。[出示：宋涛想了想，（画了几条斜斜的雨丝）]

生：是风，风把雨丝吹斜了。

生：是风，风把雨丝吹得斜斜的。（师生交流、评改）

【点评5：在改写交流中转换语言形式。转换语言形式，既能反映语文学习的灵活性，又能促进学生思维的发展，真可谓一箭双雕。进行语言形式的转换训练具有重要的教学意义，教师在语文课堂教学中要经常性地进行语言形式的转换训练。这是本课的一大亮点，教师设计精到，过程精密，结果精彩。】

五、诗句诵读

师：现在，我们把改写完的句子排列在一起读一读，比一比谁读得好听，读得有味道。（生读）

师：这样的句子排列起来像什么？

生：儿歌、诗。

师：改写后的句子像诗歌一样，排列整齐，读起来朗朗上口，有味道。我们都成了小诗人了，多棒啊！咱们一起配乐朗诵自己改写的诗句吧。

三个小朋友，
一起来画风。

赵小艺想了想，
画了在空中飘动的旗子，
是风，风把旗子吹得飘哇飘。

陈丹想了想，
画了几棵弯弯的小树，

是风，风把小树吹得弯弯的。

宋涛想了想，

画了几条斜斜的雨丝，

是风，风把雨丝吹得斜斜的。

【点评6：在朗读中感悟语言。二年级的学生语言积累还不多，改写句子显然存在一定的难度。教师不妨根据课文的语言表达特点和学生的实际情况选择朗读。多读多感悟，少讲少分析。】

 总评

本课较好地体现了重视语言的课堂教学的三个基本轨迹。

1. 语言线。字、词、句教学是第一学段语文学习的重点。教师课前荐诗朗读，让学生感知儿童诗的特点；课始直接听写词语，借助词语给学生渗透姓氏文化；接着，又结合课文内容进行词语填空练习，让学生巩固、积累、运用语言；最后，带领学生将课文中的对话改写成诗句。这一过程既是语言训练又是思维训练，是促进学生思维和语言同步发展的过程，同时又是学生进一步理解课文内容，懂得在学习和生活中动脑筋、敢创新的愉悦过程。真可谓一举多得。

2. 关注学生。在学生练习时，教师及时给予肯定、纠错。学生朗读出错、不流畅时，教师耐心地予以鼓励："没关系，再试一次。"怕指名发言有学生被遗漏，教师时时亲切地提醒："没有发过言的小朋友，请高高地举起你的小手。"发现表现不太好的学生，教师总是欣喜地赞赏："你很能干，能用拼音写出这么美的话来。"学生是学习的主体，在课堂上教师在关注全体的同时更关注个别学生。学生在教师的引导、帮助与鼓励下扎扎实实地进行语言学习，学得各有所得，各有所获。

3. 对话场。课堂教学是一个对话的过程，而对话是平等的、灵动的、生态的、多元的、和谐的和有意义的。首先，教师在课堂教学中不断引导学生和文本对话，将文本语言内化为自己的语言，进行诗意表达；其次，教师引导学生互相评价，形成巧妙的生生对话；再次，教师和学生实现了师生之间的平等对话，还渗透了教师的师本对话。多维多元的平等对话，让学生充分地享受学习，自觉成长。教学的逸趣得以在教学中凸显。语文课堂应该是一种文化的课堂、生态的课堂。语文教师有责任将课堂营造成学生成长的家园、学习的乐园和智慧碰撞的田园。

/ 2011年8月点评 /

言意兼得的醇和之美
——《画家和牧童》点评

[执　教　者] 浙江省绍兴市蕺山中心小学特级教师／叶燕芬
[教材课文] 人教版课标本二年级下册

画家和牧童

　　唐朝有一位著名的画家叫戴嵩。他的画一挂出来，就有许多人观赏。看画的人没有不点头称赞的，有钱的人还争着花大价钱购买。

　　传说有一次戴嵩的好朋友请他作画。画什么呢？戴嵩沉思片刻，决定画一幅《斗牛图》。他一会儿浓墨涂抹，一会儿轻笔细描，很快就画成了。围观的看了，纷纷夸赞。

　　"画得太像了，画得太像了，这真是绝妙之作！"一位商人称赞道。

　　"画活了，画活了，只有神笔才能画出这样的画！"一位教书先生赞扬道。

　　"画错啦，画错啦！"一个牧童挤进来喊着。这声音好像炸雷一样，大家一下子都呆住了。这时，戴嵩把牧童叫到面前，和蔼地说："小兄弟，我很愿意听到你的批评，请你说说什么地方画错啦？"牧童指着画上的牛，说："这牛尾巴画错了。两牛相斗的时候，全身的力气都用在角上，尾巴是夹在后腿中间的。您画的牛尾巴是翘起来的，那是牛用尾巴驱赶牛蝇的样子。您没见过两牛相斗的情形吧？"

戴嵩听了，感到非常惭愧。他连连拱手，说："多谢你的指教。"

教学实录与点评

教学目标：

（1）结合生活语境及文本语境，识记和理解生字、词语。会认读课文中的 16 个生字，会写抹、挤、拱、批、评、价、钱、决、购 9 个生字。初步理解浓墨涂抹、轻笔细描、拱手等词语的意思。

（2）能够读准课文中难读的生词和长句子，把课文读通，读顺。

（3）借助比较、追索等多种方式感悟、运用语言，掌握句式"一……就……""一会儿……一会儿……"，体悟"画得太像了"等短语两次反复的韵味，尝试迁移运用。

（4）朗读课文，在言意兼得中悟出戴嵩是个画技高超、虚心好学的大画家，并受到其感染和熏陶。

一、课前预热，引发兴趣

（课前，教师从儿童画聊起，引导学生欣赏我国现代画家优秀的国画作品，如齐白石画的虾，徐悲鸿画的马，李苦禅画的鹰；引导学生积累形容画的四字词语：栩栩如生、精美绝伦、活灵活现……）

【点评 1：图与文和美。心理学研究表明，儿童最早发生兴趣的是绘画。因此，教师以"聊画"做课前铺垫，让学生赏析我国现代优秀的国画作品，确实是很好的预热方式。这不仅能引发学生的学习兴趣，还能让学生感受国画艺术美的冲击，同时积累了好的词语，可谓一箭双雕。】

二、出示课题，了解牧童

师：今天我们学的课文是《画家和牧童》（板书课题），也和画有关。谁能说说，牧童是干什么的？

生：放羊的、放牛的、放牧的……

师：放牛、放羊、放马的孩子都被称为牧童。大画家和小牧童之间到底发生了一件什么事呢？让我们走进课文。

三、初读课文，读准读通

师：请大家自由朗读课文，感受这个有趣的故事。第一次读课文，老师要求大家：碰上不认识的字，请你停下脚步，拼一拼，记一记；碰到读不通顺的句子，也请你停下脚步，回过头去多读几遍，一直读到通顺为止。

（生自由朗读课文）

师：读完了吗？课文一共有几个自然段？

生：6个。

师：就请6个孩子一人读一段。（指名分段读课文。正音：价钱、花大价钱购买、争着花大价钱购买、一幅、浓墨涂抹、和蔼、批评、翘起来、驱赶、牛蝇。梳理多音字：斗、夹）

【点评2：字与文和美。二年级阅读课的初读感知环节目的应当很纯粹，就是让学生读通读顺。什么是生字新词？如何确定生字新词？几十年来，大家都习惯性地认为"生字表""词语表"上规定的字词就是生字新词，这种传统的生字新词观和传统识字教学似乎没有考虑现在小学生的学情，这种确定生字新词的"潜规则"是值得反思的。我认为，生字新词的教学更应在检查课文朗读的过程中以学定教。】

四、深读课文，文意兼得

师：课文读完了，你们真了不起！我想问的是，课文主要写了哪些人？

生：画家和牧童两个人。

师：文中的画家是谁呀？戴嵩，戴红领巾的戴，嵩字上边是一个"山"，下边是一个"高"。课文的题目为什么是"画家和牧童"，而不是"牧童和画家"？

生：因为画家是课文中最主要的人物。

师：画家戴嵩是课文的主要人物，是啊！他是一位了不起的画家，一位不简单的画家。接下来，请大家默读课文，也就是说，不出声在心里默默地读，边读边思考：课文中的哪些地方让你感受到戴嵩是个了不起的画家？请把感触最深的句子画下来，也可以在句子旁边写上感受。（出示课件，生默读课文，自主学习）

师：好，现在我们来交流读书感受，你在哪些地方感受到了戴嵩是个了不起的画家？

生：他画的画非常好，很了不起！

师：哪些地方在写他的画画得好呢？你接着说。（板书：画得好）

生：第二自然段。"他一会儿浓墨涂抹，一会儿轻笔细描……"

师：从两个"一会儿"能看出什么？

生1：可以看出他很快画成了。

生2：戴嵩画牛画得很娴熟。

师：嗯，画技非常娴熟。那么究竟什么样的画法叫"浓墨涂抹"，什么样的画法又叫"轻笔细描"呢？不急，老师把戴嵩的《斗牛图》带到了这里，请一个同学上来指一指。（出示《斗牛图》，一生上台指点）

师：（演示并做小结）牛身子上大面积的泼墨，就是"浓墨涂抹"；轻轻地用笔将牛屁股勾勒出来就是"轻笔细描"。谁来读好它？（指导学生朗读）

师：为什么用两个"一会儿"写，意思刚好相反？

生：作者分两个方面来写清楚。

师：是的。分两个不同的方面写具体画画的过程，这点值得我们学习。

【点评3：言与意和美。教师尊重学生真实的读书感受。在交流时，学生没有按顺序从第一自然段说起，而是从最容易找到的两个"一会儿"切入，教师顺势而导，真正体现了以学定教的理念。"一会儿……一会儿……"是浅显的具有典型结构的关联句,教师在朗读指导中让学生体会其在表达情意上的作用,又通过反击追索——"为什么用两个'一会儿'写,意思刚好相反?"让学生初步感受分层面写具体的方法,并以此训练语言灵敏度。学生通过同学指点戴嵩的《归牛图》,体会"浓墨涂抹""轻笔细描"两个词语的意思,不但感受到了戴嵩作品的艺术魅力,还轻而易举地了解了国画的两种不同技法,同时理解了两个美术专业词语的意思。】

师:还有哪个地方也在写他的画画得好?

生:课文的第一自然段也在写。(读第一自然段相关语句,略)

师:"看画的人没有不点头称赞的。"这下老师搞糊涂了,这句话究竟是不是在称赞?不急,我们来做一个脑筋急转弯的游戏。我说词语,你们做动作,同桌之间看谁反应更快。好,开始。

师:称赞。(生做伸出大拇指的动作)

师:点头称赞。(生边点头,边做伸出大拇指的动作)

师:不点头称赞。(生不做任何动作)

师:没有不点头称赞。(生纷纷边点头,同时做伸出大拇指的动作)请最后一排的那个同学说,你看到什么了?

生:全班都在点头称赞。

师:对呀。全班同学都频频点头,啧啧称赞。所有的人都在点头称赞——就叫作"没有不点头称赞的"。(板书:没有不=全部)看来咬文嚼字真的非常有趣!

【点评4:否定与肯定的和美。"看画的人没有不点头称赞的。"这是学生之前很少见到的一个句式——双重否定句,这种言语形式不是本阶段应该学习的,教师在教学中只需引导学生理解它的意思就行。如何让二年级的学生初步感受双重否定句,了解其表达的正确意义?教师采用了脑筋急转弯的方式,让学生在有情有趣的玩乐过程中感受"没有不点头称赞的"意思就是全部的人都在点头称赞。】

师:咱们继续咬文嚼字。在第一自然段中还有哪些地方能让你感受到戴嵩画得好?

生:"他的画一挂出来,就有许多人观赏。"

师：（出示课件）我想把它改得简单点，"他的画挂出来，有许多人观赏"，行吗？

生：不行。

师：为什么？

生：改后的意思是他的画挂出来，没几个人去看。

师：对。他的画挂出来后，可能十天半个月才有人陆续来观赏。你看，加上"一"和"就"可以说明——

生1：说明他的画刚刚挂出来就有许多人来观赏。

生2：说明他的画画得实在太好了。

师：看来，"一"和"就"的本领就是大。那咱们就来练一练，先自己填，自己练。

［课件出示：

他的画一挂出来，就有许多人来观赏。

他的画一挂出来，看画的人就（点头称赞）。

他的画一挂出来，有钱的人就（争着花大价钱购买）。］

【点评5：学习与运用的和美。"一……就……"是一个常用的较浅显的关联句。教师使用比较的方法，不但让学生感受到了"一"和"就"的作用，而且也在比较中感悟到戴嵩的画很受人们喜爱，从而说明他是著名的画家，可谓言意兼得。同时，师生一同进行了语言的迁移和运用，让句式的学习有了有力的提升。】

师：还有让你感受到戴嵩了不起的句子吗？

生："围观的人看了，纷纷夸赞。"

师：怎么夸的呢？

生：画得好好哇！

师：课文中是怎么夸的？（指名读课文中的内容）

师：这里先读准两个字音，第一个是"绝妙之作"，第二个是"教书先生"。（指名读，正音）

师：（范读）"画得太像了，画得太像了"，我感觉这个商人很啰唆，"画得太像了"说了两遍。同样一句话干吗要说两遍哪？说一遍不是更简洁吗？

（出示句子，并比较：

"画得太像了，画得太像了，这真是绝妙之作！"一位商人称赞道。

"画得太像了，这真是绝妙之作！"一位商人称赞道。）

师：读读看，你想说什么？

生1：我觉得说一遍不行，这样程度就不深了。

生2：说一遍就不能表达对戴嵩的赞美之情了。

师：是啊。只说一遍商人那种赞美之情就无法表达了。"画得太像了，画得太像了。"商人非常激动地表达了自己的赞美之情。我请同学来读一读这句。（指名读）

师：既然重复两遍这么有效果，那我干脆重复三遍。商人太激动了："画得太像了，画得太像了，画得太像了。"你觉得好吗？为什么？

生：我觉得太啰唆了。

师：是的。那真是一个啰唆的商人。看来说两遍刚刚好，正好可以表达商人的赞美之情和激动的心情。请同学来读一读，读出商人激动的心情和赞美之情。（指名读）不错，谁来读读教书先生的话。（指名读）

师：商人在称赞，教书先生在称赞，我们也学着反复两次来称赞称赞，可以用刚才课前谈话积累的词语来称赞称赞这位了不起的大画家。〔出示："（　　），（　　），这真是（　　）！"〕

生1：画得太棒了，画得太棒了，这真是绝妙之作！

生2：画得太逼真了，画得太逼真了，这真是精美绝伦！

…………

【点评6：内容与方法的和美。作者运用反复的手法，可以突出内容，强调情感，使句子更富有感情色彩。"画得太像了，画得太像了"，以两次反复来表达商人称赞时的激动心情，突出戴嵩画技的高超。在教学过程中，教师让学生感受说一次和反复说两次的情感区别，甚至感受连续说三次的啰唆，通过比较来品悟作者是如何用语言表达人文之美的。这样的言语现象有着极高的营养价值，且是复合维生素。合理吸收、消化这些营养，充分开掘、利用这些资源，对于提高学生分辨、识别、理解、积累语言和运用语言的能力有着十分重要的意义。】

师：是啊。像这样，商人在夸，教书先生在夸，你在夸，我在夸，大家都在夸，就叫作纷纷夸赞。（板书：纷纷夸赞）这种联系下面的课文来理解词语意思的方法是非常好的。接下来，我们再来看看这几句话。（出示句子："围观的人看了，纷纷夸赞……一位商人称赞道……一位教书先生赞扬道。"）你发现了什么？

生：全都是赞美。

师：全都是赞扬的意思，是不是？但是作者是用三个不同的词语来写的。我们来读读这三个词语。

生：夸赞、称赞、赞扬。

师：同样的意思却用不同的近义词来表达，这就是作者的高妙之处，值得我们学习。

【点评7：词语内容与表达的和美。词语教学是二年级阅读教学的重要内容之一。低年级词句教学的要求是，了解课文中词句的意思，就是懂得词语或句子字面的意思，不需对其含义做过深的理解。"纷纷夸赞"的理解重点在"纷纷"，可以结合下文理解它的意思。夸赞、称赞、赞扬，学生对这些词已经有了比较丰富的经历与体验，可以通过近义词理解，并通过朗读内化。教师在教学中还渗透了可以用不同的近义词来表达同样的意思这种表达技巧。】

师：画家戴嵩除了画技高超外，还有哪些地方了不起？

生：他还能够虚心接受批评。在一片赞扬声中，突然冒出了炸雷般的声音——"画错啦，画错啦！"

师：是谁的声音？

生：牧童。

师：听到这样的声音，戴嵩是怎么做的呢？请你默读课文，把描写戴嵩是怎么做的句子画下来。（生默读句子，画句子）

师：我想问一下什么叫和蔼？

生1：就是很和气的。

生2：很亲切的。

师：是啊。戴嵩走到牧童的身边，弯下腰，弓着身子，亲切地说："小兄弟，我很愿意听到你的批评，请你说说什么地方画错啦？"（边弯下腰做动作，边亲切地说）这个小牧童很大胆，马上说："牛尾巴画错了。"那么戴嵩又是怎么做的呢？——"戴嵩听了，感到非常惭愧。他连连拱手，说：'多谢你的指教。'"这又是一个新的词语。谁来表演戴嵩"惭愧"的神情，这两个字用什么办法能记住？谁能"拱着手"读读这个句子？

【点评8：语言内容与形式的和美。理解词语，不需要也不应该单独进行，必须与语言形式的品味和学习结合起来。和蔼、惭愧都是描写人物神态的词语，教师可以通过让学生表演课文内容来帮助学生理解。拱手是古代特有的礼仪，通过表演，可以让学生在润物无声中边读边理解。】

五、感悟品质，质疑小结

师：学到这里，你能说说这位叫戴嵩的画家有哪些地方了不起吗？课文说他是唐朝著名的画家，名副其实吗？

生1：他画牛画得栩栩如生，估计至今也没人能超过他，很了不起。

生2：我觉得他不但画得好，而且很虚心，有谦虚的品质。

生3：我感觉大画家没有架子，还很有礼貌地向一个放牛的牧童请教，这是许多有名的人很难做到的。

…………

师：是啊！这节课我们边读课文边学语言，边学语言边了解戴嵩这位了不起的大画家。他不但画技高超，而且谦逊有礼，虚心好学，是一位名副其实的著名画家。下节课，我们会继续走进课文，来看看课文中的另一个主人公牧童，相信大家也能从他的身上学到许多优秀的品质。

【点评9：语文与审美的和美。任何一篇课文都是有"意"之作，本篇课文的"意"在于感悟戴嵩是个画技高超、虚心好学、谦逊有礼的大画家。解读文本，要十分关注人，而且要关注一个完整的人。戴嵩画技高超、虚心好学、谦逊有礼的人物品质就是从课文的语言文字中细细品味出来的。学生对人物品质的认识是自然而然的，这节课真正做到了语文能力的培养与审美情趣的提升。】

六、复习字词，学写生字

师：这篇课文要求我们认识的生字非常多。我们已经在文中认识它们了，现在单独拿出来，谁还认识？（指名读带生字的词语，生齐读）

师：（出示生字）观察一下，这些字有什么特点？

生：上面一排都是上下结构，下面三排都是左右结构。

师：这节课就先来写左右结构的字。我们先来关注提手旁的字：抹、挤、拱、批。写提手旁的字要注意什么？

生1：要写得紧凑。

生2：左边写得稍微小点儿，右边写得稍微大点儿。

师：这就叫作——看宽窄，这是第一点。你看提手旁和旁边的字高矮一样吗？

生3：不一样，抹、挤都是左矮右高，拱、批是左高右矮。

师：第二点要看高矮。第三点要看两个部件之间的关键笔画，抹字的撇很霸道，传到了提手旁的位置下边，这种写法叫"笔画穿插"。我们写字的时候一定要先仔细观察，不要拿起笔来就写。根据大家刚才的观察，我们可以这样归纳：一看宽窄，二看高矮，三看笔画。接下来我们就用这些方法来学写抹字。（范写，生学写，师点评略）

师：还有几个左右结构的字会写吗？（师巡回指导，生书写，全班同学互评，略）

【点评10：识字与写字的和美。在写字板块的教学中，教师从教学生学写抹字到写好几个左右结构的字，努力实现指导一个带动一组，写好一组带动一类的目标。教师从整体观察字的宽窄、高矮的方法入手，再到细致观察笔画的穿插，同时渗透靠拢、穿插、避让等书写常识。在学生自主学写、同桌评议、迁移书写的过程中，增加了写字指导，提升了效率。同时，还凸显了写字教学的年段特点——二年级下学期应更加重视梳理写某一类字的规律，重视培养学生自主写好字的能力。】

总评

这是一节很有特色、很有价值的小学语文课。

1. 从教学定位看，这是用思想教学的课。语文课不能为教而教，也不能为学而学，应体现某一种教学思想，这才是理性而智慧的语文教学。本课虽然只有一课时，但教师自始至终很好地诠释了"醇美语文"追求的教学思想：既要关注文本的语言形式，又要关注这样的语言形式所包含的思想情感。教师"用思想上课"，大大提升了语文课的品位。

2. 从教学内容看，这是教师精心选择内容的课。一篇课文要教学的内容有很多，教师不可能面面俱到，平均用力。尽管放弃某些内容是痛苦的，但选择是必须的。本课从语言习得的角度精心选择了教学内容，如"一会儿……一会儿""一……就"、双重否定句、反复手法等都是很有价值的教学内容。内容比方法更重要，教师在设计教学时要更多地关注教学内容的比较、选择和确定。

3. 从教学设计看，这是注重美学设计的课。语文课既要大气，又要精美。请看本课的几个教学环节：如上课伊始的欣赏画并积累语言的环节，教生字新词的环节，用感悟法、比较法、脑筋急转弯法引导学生学习语言的环节，教写字的环节。这些环节的设计和实施都是非常精彩的，使得本课朝着言意兼得的"醇和之美"前进了一大步。

4. 从教学效果看，这是低耗、高效的课。具体表现在：本课初步实现了学生在工具性和人文性统一下的"内容理解"、在教师和学生互动中的"以生为本"、在语言内容和语言形式结合上的"语言运用"。这节课的时间虽短，但对学生语文素养的影响却是广泛而久远的。

/ 2013年8月点评 /

练字与练人相结合
——"中直对正"（二年级写字指导课）点评

[执 教 者] 浙江省杭州绿城育华小学／倪海燕

 教学实录与点评

教学目标：

（1）先观察后书写"卡、卓、番、霄"四个字，让学生体会汉字"中直对正"的结构特点，掌握"中直对正"的书写要领。

（2）巧用书写规则及多种评价方式，激发学生写字兴趣，并使学生养成认真、正确、规范地书写汉字的习惯。

（3）了解书法名家练字的故事，培养学生刻苦练字的精神。

（4）初步了解汉字的演变历史，感受祖国文字的博大精深，激活学生热爱本民族文化的情感。

【点评1：从知识与能力，过程与方法，情感、态度、价值观等多维度预设教学目标，很好地体现了写字课的教学方向。特别是对"中直对正"结构特点和书写要领的关注，使得写字课具有追求写字本色和指导方法的意义。】

一、激趣导入，初步感知

师：中国古代的汉字和现在的汉字是不一样的。今天老师带来了几个字，请同学们猜一猜它们是什么字？（依次出示卡、卓、番、霄四个字的篆体字。根据学生的回答，随机穿插介绍一些关于书法的知识）

【点评2：教师通过猜字活动，使学生了解中国古代的汉字和现在的汉字是不一样的，从而巧妙地渗透了汉字演变的历史和书法文化。具有文化气息的课堂是丰满而有活力的。】

师：同学们观察这四个字，有什么共同点？

生：都是上下结构，中间的竖垂直。

师：这就是今天要学的内容：书法结构之 —— 中直对正。"中"是指中间的竖画，"直"是垂直、笔直的意思，"对正"就是上下竖画要对齐。大家齐读一遍，把它牢牢记在心里。（生齐读）

【点评3：写字课主要是技能训练，而技能训练的第一步就是明确训练要求。课始，教师让学生了解中直对正的含义及特点，有助于学生明确学习方向，有事半功倍之效。】

二、欣赏游戏，深入理解

师：中直对正不仅是汉字的一个结构特点，在游戏中我们也能发现这样的现象呢！你们瞧，丁丁和它的动物朋友们最喜欢玩的叠罗汉游戏。第一次它们成功了吗？结果怎样？为什么呢？（课件出示图，略）

生：没有成功，因为它们是歪着叠的。

师：是啊，第一次它们没有成功，倒了下来。听取了小朋友们的建议后，它们重做了一次。瞧，这次结果如何？为什么？（课件出示图，略）

生：成功了，因为它们叠罗汉时上下对齐了。

师：看来，不管是在游戏中还是汉字中，中直对正都很重要哇！有个顺口溜，你能读懂吗？（出示：一个字中上下竖，考虑是否要对齐。应该对齐不对齐，如同罗锅腰残疾。）

师：一个字的上下竖该对齐却没对齐，就像一个人的背驼着，多难看哪！你看这些字就生病了，想请你们当当小医生治治病呢！（出示上下竖没对齐的卡、卓、番、霄，根据学生的发言，修正汉字）

【点评4：把游戏引进课堂是低年级教学的重要策略之一。把写字与游戏结合起来，既能培养学生的兴趣，又降低了学生理解的难度，真可谓一举两得！建议把这个环节前置，先玩游戏后讲字形，这样从形象到抽象，更符合学生的认知规律。】

三、巧用"宝典"，书写汉字

师：同学们真能干，现在这四个字个个精神十足了，真要感谢你们！等会儿你们一定也能把字写得很漂亮。

1.指导"卡"字

（组织学生观察、交流书写要点。根据学生回答进行归纳，出示"书写宝典"：两竖直对，上短下长。上点短平，下点右下。长横略斜，起笔中线。）

师：我在课外也写了这个字，同学们仔细看看我有没有按照"书写宝典"去写。（播放老师的书写视频，生交流感受，并练习写三四个卡字。师按"书写宝典"逐条评价）

师：请对照"书写宝典"，看看自己的字有哪些地方写得好，有哪些地方没写到位。（生在自我评价的基础上，再次练写）

【点评5：教师关于卡字的书写指导，有三个亮点。一是注意引导学生对学习方法的归纳。根据学生观察、交流的结果进行归纳，这种从学生中来的做法值得提倡。二是对一个字安排两次练写。在课堂上，精讲多练有实效。三是练后评改，师生共同评价，使师生成为"学习共同体"。】

2.指导"卓"字

（生观察、交流书写要点。师根据学生的回答进行归纳，出示"书写宝典"：两竖直对，上短下长。日字略扁，两竖内缩。上紧下松，横画略斜。生上台范写）

师：互相交流评价一下，对照"书写宝典"评评优点与不足。（生互评后练写）

师：现在我们给出评价标准：若每个笔画都按"书写宝典"书写，即可得星。你给同学写的字打星，并悄悄告诉他，你认为他哪些地方写得好，哪些地方需要改进。（生互评）

【点评6：这节写字课充满了浓浓的写字味、讲评味。特别是"生生互评"环节，既是对学生合作学习习惯的培养，也是一种学习责任心的引领。】

3. 学写"番""霄"

师：现在你们自主观察"番""霄"这两个汉字，自学"书写宝典"内容。

（生交流自学成果，观看老师的书写视频后练写。）

师：现在进行自我评价，自己给自己打星。

【点评 7：学写"番""霄"的过程体现出一种由"扶"到"放"的态势。在这个过程中，教师巧妙地播放了教师的书写视频，很好地发挥了多媒体在写字教学中的辅助作用。】

四、总结拓展，强化兴趣

1. 回顾本课学习内容

师：今天我们学习的内容是写中直对正结构的字，你们知道还有哪些字属于中直对正结构的吗？通过今天的练习，相信你们一定能写好这类字。

生：南、常、尘、堂……

【点评 8：这是一个回顾小结环节。从几个字到一类字，揭示了知识的规律性，有助于学生巩固知识，迁移方法。】

2. 介绍书法家勤勉练字的故事

师：今天同学们不仅字写得漂亮，坐姿也特别漂亮，老师真为你们感到骄傲。其实，中国有许多了不起的书法家，他们的故事非常值得我们学习。

（介绍书法家勤勉练字的故事：王献之练字用完十八缸水，欧阳询下马观碑帖三天三夜，怀素写穿木板等，略）

【点评 9：教师介绍书法家勤勉练字的故事非常有意义，但此时此刻引入故事显得很唐突，这与本课教学目标和教学内容没有紧密联系，建议删除，使课堂内容更加简约。】

师：正是因为他们勤学苦练，创出了自己的风格，最终才成为书法名家。（出示名家作品，师生同欣赏）

【点评 10：小学写字课教师要更多地关注学生的写字作品。建议删除欣赏名家作品这一环节，改为欣赏学生的写字作品，这样的课堂更有亲近感，

学生更有成就感。】

师：老师从你们的眼神中，从你们的赞叹声中读到了佩服与羡慕。只要你们努力，你们也可以成为"小小书法家"。

 总评

本节课有以下三个特点。

1. 这是一节学习任务明确的课。教师在课始、课中、课尾都能紧扣中直对正的结构特点和书写要领展开教学，使本节课主线明确，结构清晰，层次合理。

2. 这是一节学习重点突出的课。二年级学生写字的难点是字的间架结构。本课以中直对正的结构特点为突破口，讲、练、评、改结合，精讲多练，具有良好的教学实效。

3. 这是一节学习趣味浓厚的课。从兴趣看，教师采用了猜字、叠罗汉游戏、顺口溜、视频教材等有趣的教学方式；从滋味看，课中渗透着浓浓的汉字文化、书法文化、师生交流文化等，练字与练人结合起来了。

给本节课提两条建议。

一是"错误"来自学生真实的学习。本课中写歪的字不应是教师设计的，而应是学生作业本上写歪的字，最好是学生现场写歪的字。

二是知识应是一种组织体系。本课预设要重点指导写的几个字最好是有联系、有意义的一个词组。这样学生既写了字，又记了词，整体更加优化。

/ 2011年6月点评 /

辑二

对第二学段课的点评

第二学段语文课的理想样式

◎ 关注学生良好语文学习方法、兴趣、动机的培养

◎ 重点进行语段结构、词句表达、片段读与写训练

◎ 渗透语文学习逻辑关系、语法修辞、审美的感受

把略读课定位于培养学生的独立阅读能力
——《槐乡的孩子》点评

[执 教 者] 浙江省杭州绿城育华翡翠城学校／方建兰
[教材课文] 人教版课标本三年级上册

*槐乡的孩子

尹黎

　　槐乡的孩子，从小就和槐树结成了伴。槐乡的孩子离不开槐树，就像海边的娃娃离不开大海，山里的孩子离不开石头。

　　八月，槐树打了花苞，那花苞米粒般大小，散发着淡淡的清香，不仔细闻是闻不到的。小槐米藏在槐树丛中，轻轻地随风飘动。它们一点儿也不惹人注意，却是槐乡孩子的宝贝。槐米，可以入药，还能做染料。勤劳的槐乡孩子是不向爸爸妈妈伸手要钱的，他们上学的钱是用槐米换来的。

　　八月，天多热。鸡热得耷拉着翅膀，狗热得吐出舌头，蝉热得不知如何是好，在树上不停地叫着"知了，知了"。槐乡的孩子可不怕热，他们背着水葫芦，带着干粮，没等云雀开口歌唱黎明，就已经爬到小山上了。男孩常常是爬到树上，用长长的钩刀一下又一下地削着槐米。一簇簇槐米落下来了。女孩有的弯腰捡着，两条辫子像蜻蜓的翅膀，上下飞舞着；有的往篮里塞着槐米，头一点一点的，像觅食的小鸭子。当缕缕炊烟从村中升起的时候，孩子们满载而归，田野里飘荡着他们快乐的歌声。

　　月落柳梢，劳累一天的孩子们带着甜蜜的微笑进入梦乡。孩子们的小床下放着篮子和磨好的长钩刀。明天，只要是晴天，孩子们又将投入到火热的劳动中……

略读目标：

（1）了解略读课文的学习特点。

（2）初步学习常用的略读方式：整体读、默读和速读。

（3）培养独立阅读的能力。一是读懂课文内容，初步感受劳动是辛苦的，同时又是快乐的，树立热爱劳动的观念。二是快速读懂重点词句，体会这些词句表情达意的作用。

【点评1：本文是人教版课标本教材中第一次出现的略读课文。教师根据略读课文的教学要求与三年级学生语文学习的特点设计了三个具体教学目标，明确略读课文具体的学习方法，较好地体现了课文的类型特点，增强了阅读教学目标的指向性。目标设置直接指向学习特点、略读方法、独立阅读能力，简约、明了、准确。】

一、导读：了解略读特点

师：学习了《我们的民族小学》《金色的草地》《爬天都峰》这几篇课文后，我们感受到了在学校上学、在草地上玩耍、去野外登山的快乐。这节课我们将走进槐乡，看看那里的孩子有什么样的快乐。（出示课题，让学生比较本课课题与前三篇课文的课题的不同之处）

1.略读课文有什么特点

师：通过读题、观察，我们发现这篇课文的课题与以往的课题相比多了个*，有这个标记的课文被教材归为略读课文，而已学的课文《我们的民族小学》《金色的草地》《爬天都峰》等归为精读课文。现在我们来比较一下本课与精读课文的不同之处。（生答略）

师：略读课文的前面有学习提示，课后没有识字写字的学习要求，也没有练习题。

【点评2：这一环节关注了学生学习的起点和特点。学生初次接触略读课文，教师理应在引导学生了解课文学习特点上多花精力和时间。教师通过比

较，使学生初步了解了略读课文的特点和学习要求。】

2.略读课文该怎样学习

（1）回顾单元学习方法。

（2）自由读"学习提示"。(师生交流)

（3）学生根据学习提示，运用学习前面几篇精读课文的方法，自主读书、思考、讨论、交流，解决问题并提出疑惑，最后由教师给予点拨与引领、检查读书效果。

【点评3：略读课文教学应体现"单元组文"的设计思想，把握好课文在整个单元中的位置。略读课文是精读课文的有机延伸，可以让学生将学习精读课文所习得的方法进行实践运用。这里教师引领学生回顾单元学习方法，阅读学习提示，使学生明确学习要领，得法在先并迁移运用，对培养学生自主阅读的能力十分有利。】

二、通读：初步感知内容

师：整体读课文，读后交流。(出示阅读提示：自读全文，遇到不认识的字暂时跳过，让自己的阅读心情与感受随着文字自然流淌。)

师：用一句话或一个词说说读后的感受。课文主要讲了一件什么事? (生交流略)

师：默读课文。要求：(1)画出不认识的字，借助课文中的拼音或查字典读准字音，读通课文。(2)边读边思考：你是从课文中的哪些语句中体会到槐乡孩子的快乐的? 用笔画一画。(3)标出自己读不懂的地方，准备寻求帮助。(出示阅读提示：默读时不动唇，不出声，不指读，边读边想边动笔。生默读)

师：现在我们再次交流难读的词句。(生交流，师质疑解惑)

【点评4：默读是教学略读课文的基本方式。教师要求学生默读时边读边思考边动笔，一是有益于学生良好阅读习惯的养成，二是有利于其默读能力的提高。教师根据三年级学生的读书心理特点，鼓励学生阅读交流，或交流读后感，或交流不懂的问题。在交流中相互学习，在交流中分享阅读的乐

趣，在交流中讨论解决疑难，这是此环节的价值所在。】

三、细读：体会重点语句

1. 速读课文

师：快速读课文，读后交流你觉得最能体现槐乡孩子劳动快乐的语句。（出示阅读提示：快速读文，用眼睛读，不要用声音读；整句话整段文字读，不要一个字一个词读；注意力集中，眼停次数要少。）

2. 交流分享

师：（出示：槐乡的孩子可不怕热，他们背着水葫芦，带着干粮，没等云雀开口歌唱黎明，就已经爬到小山上了。）找出文中描写八月天气热的句子。

生：鸡热得耷拉着翅膀，狗热得吐出舌头，蝉热得不知如何是好，在树上不停地叫着"知了，知了"。

师：同桌一读一演，演读体会天气热的程度。（生演读，略）

师：分角色朗读体会对比表达的作用。（生分角色朗读课文）

师：练习运用对比手法写句子，如"_____，_____，_____，可（而）……"（生写句子）

师：从哪些词语可以看出槐乡孩子的勤劳与不怕苦？

生：不怕、背着、带着、没等、已经。

师：（出示：男孩常常是爬到树上，用长长的钩刀一下又一下地削着槐米。一簇簇槐米落下来了。女孩有的弯腰捡着，两条辫子像蜻蜓的翅膀，上下飞舞着；有的往篮里塞着槐米，头一点一点的，像觅食的小鸭子。）读读圈圈，从哪些词语可以感受采槐米的快乐？抓住表示动作的词。

生：爬、削、落、捡、塞。

师：结合插图朗读课文，体会用比喻手法描写语言的生动有趣。（生读文）

师：分角色比赛读句子。（生读句子）

【点评5：略读课文一般一文一课时，因此不能求全求深，应进行整体式处理和长文短教式处理。"略"其略，"精"其精，"略"中求"精"，抓住一点，一课一得即可。在学生交流分享的过程中，教师抓住了关键语段、词

句指导学生进行朗读、理解、感悟和情感提升，关注学生语言表达形式的习得，实现了工具性与人文性的有机统一。】

四、延读：提炼阅读方法

1. 提炼方法

师：通过学习，我们从文章的字里行间充分感受到槐乡孩子在辛苦的劳动中那我们未曾体会过的快乐。更为重要的是，在这节课里，同学们运用本单元已学的课文学法，自主读书、交流与分享，并且初步学习了整体读、速读、默读等读书方法。我们在今后的阅读学习过程中，应灵活运用这些方法，学会独立阅读，增强自主读书能力。

2. 课外延伸阅读：《花园中的城堡》

【点评6：略读课文的教学重在训练略读的方法。教师引导学生将从精读课文中学到的方法，在略读课文中加以练习与提高。因此，进一步总结、提炼读书方法就显得很重要。学生在练习中掌握了方法，可以在今后的自主阅读中迁移运用，提高独立阅读的能力。】

 总评

略读课文的教学应依据整体思想，进行长文短教式处理。应以大板块、大框架的设计为主，教学流程不宜过细过精，要给学生留出整块的自主阅读空间。活动的设计应以练习为主，尽可能多地让学生在自主的言语实践中获得略读能力的提升。

1. 略读课是培养学生略读能力的课。略读能力包括整体阅读的能力、自主获取信息的能力、全面概括大意的能力、快速理解内容的能力、理解重点词汇的能力、学习迁移能力等。比如，在本课教学中教师引导学生两次通读课文，一是让学生整体感知课文内容，训练学生概括课文大意的能力。二是让学生默读全文，发现、思考并解决问题，以培养学生良好的读书习惯。在基本理解内容的基础上，教师适时安排学生快速阅读，并予以速读方法的指导与提示，进而根据学生的交流分享，进行重点阅读与理解，把更多的读书时间让给学生，体现略读课文的课程功能——强化和训练阅读习惯，提高自主阅读能力。

2. 略读课是培养学生独立阅读习惯的课。教师在教学时应抓住大问题放过小问题，把更多的时间、机会留给学生独立阅读、提问和思考。本课教学紧紧抓住"你是从课文中的哪些语句体会到槐乡孩子的快乐的"这个问题，指导学生运用多种阅读方法，自主读文、交流讨论与分享，让学生在充分读书、思考、交流的过程中逐步培养独立阅读习惯。所以，略读课的基本策略是：教须略，学应丰。

3. 略读课是帮助学生掌握略读方法的课。略读课上，教师应以学生自主地整体读、速读、默读为主。本课在教学策略上突出对读书方法的指导与提示，课始的导读中渗透读整本书的理念与方法，课中重在指导训练，这些都有助于学生掌握略读方法。

4. 略读课是从课内阅读走向课外阅读的课。教师应加强单元联系，沟通课内外阅读，适度向课外拓展和延伸，最终实现向课外阅读的过渡。本课的结尾，是师生在共同总结提炼阅读方法之后，将阅读训练予以适度拓展补充，这既能强化方法的练习，又能增强学生的阅读兴趣，可谓一举两得。

／2011年2月点评／

学本课堂：素读与研读
——《除三害》点评

[执 教 者] 浙江省永康市实验学校特级教师／倪静川
[教材课文] 人教版课标本三年级下册

除三害

朱家栋

古时候，有个人叫周处。周处年轻时，性格暴烈，仗着自己力气大、武艺强，横行霸道，欺侮百姓。因此，周处一上街，人们就远远躲开他。

背地里人们都抱怨说："山间的猛虎、河里的恶龙，还有地上的周处，是天下三害。三害不除，百姓永远没有安宁的日子！"

有人出主意："干吗不想办法叫周处上山杀虎，下河剁龙呢？这样三害除了两害，不也好么？"有人壮着胆子去找周处，见面就夸他胆子大，功夫好，上山能伏虎，下水能降龙；没有谁能比得上他！周处听了十分得意，拍拍胸脯，说："那猛虎和恶龙只敢欺负你们胆小的，看我收拾它们！"

周处上山了。傍晚，他把一只断气的大老虎拖下山。街坊们拍手称快，都夸周处本领大。

第二天，周处提着宝剑下河了。恶龙可不那么容易对付。它忽而浮出水面，跃到半空；忽而潜入水底，东奔西突。周处和它搏斗了三天三夜，搅得大河惊涛拍岸，浊浪冲天。三天以后，大河突然平静了，没有浪涌，没有涛声。恶龙不见了，周处也不见了。

这下好了！猛虎死了，恶龙死了，周处也和它们同归于尽了！人人奔走相告，个个喜气洋洋。哪知就在这时，周处水淋淋地从河里爬上岸来。他听到人们的欢呼声，呆住了。他实在想不通：我除害有功，为什么乡亲们反倒希望我死呢？他想找个人问一问，可是人们只是远远地朝他点点头，赶紧躲开了。

人们的举动引起了周处的深思，他终于想明白了其中的道理，心里十分惭愧。

从此以后，周处痛改前非，成了一个受人敬重的人。

教学实录与点评

教学目标：

（1）学生通过素读，梳理故事内容，了解几件事之间的内在联系。懂得只要有决心，任何缺点都能改正的道理。

（2）师生通过研读，发现文中对仗、排比等语言规律并体会其好处，积累横行霸道、拍手称快、痛改前非等四字词语，并借助关键词语复述故事。

【点评1：本课的教学目标分别通过素读和研读两条途径达成，分层设计，分段实施，体现的是"学本课堂"的先学后教的思想：先"生"后"师"，"还学"于学生，"让位"于学习。简约而不简单！】

一、学生素读

师：（给每人发放一张小纸片）这是一张积分卡，这节课你将通过自己的努力获取学分，得分高的同学还可以获得倪老师亲笔签名的"语文高手"的奖状。

【点评2：积分卡设计巧妙，既迅速拉近了师生的距离，又激起了学生通过自己的努力获取学分的强烈欲望，为接下来的自主学习奠定了基础。】

1. 初读课题，了解民间故事

师：今天我们一起来学习一则民间故事，题目是"除三害"。（板书课题，生齐读）

师：知道什么是民间故事吗？（生答略）

师：民间故事就是从古至今在老百姓口中流传的动人故事。

【点评3：小学语文课文有多种体裁，不同体裁的作品，对结构、语言、表现手法等的规定都不同。教师明确课文文体，对学生准确把握文本的语言特色，提高学生的阅读能力与写作能力起到了事半功倍的效果。而且，在这里，教师没有从文学理论的角度去"给予"学生这些知识，而是让学生在自由交流中逐渐"了解"民间故事的特点。】

2. 素读课文，梳理故事内容

师：能在民间一传十、十传百、一代传一代的故事一定是很吸引人的。请大家自由读课文，读时注意把带拼音的字读准确，句子读通顺。（生读课文）

【点评4：导课后，教师让学生直接与文本素面相见，让学生随意、自由、充分地读，不带具体的学习任务和思考问题，这样就能聚焦学生原始的学习状态，同时使学生形成读书的"陌生感"。这种自然状态下的阅读有很大的灵活性和自由度，可以让学生们充分感受到阅读的乐趣，并且获得个性化的"初始体验"。】

师：读书读出收获，这是一种能力。刚才读了课文，你有什么收获？（根据学生发言梳理故事内容并板书：周处杀猛虎、刹恶龙、除周处。同时，学生发现问题：周处除掉周处该怎么理解）

【点评5：教师及时搭建学生交流的平台，引导学生在观点的交流与碰撞中，完成对民间故事主要内容的整体观照，并且巧妙地进入"理解冲突"——周处杀猛虎、刹恶龙，只除了两害，为何课题为"除三害"？周处自己怎么除掉自己？】

3. 二读课文，生生互问互学

师：从故事中读出收获，是一种能力；从故事中读出问题，那更是一种能力。请大家再次默读课文，在有疑问的地方做上记号。（生默读并做记号）

师：能把问题清楚地表述出来，也是一种能力。如果你能提出一个有水平的问题，可以得10分；如果你能回答出同学的问题，可以得20分。预设问题一："从此以后，周处痛改前非，成了一个受人敬重的人。"他以前有哪些"非"呢？后来又成了一个怎样的人呢？（出示第一自然段）以前的周处大摇大摆地走在街上，有个人不小心碰到他，他就（　　　）；他看到一个

小孩手里拿着好玩的东西，他就（　　　　）……（生答略）

师：周处痛改前非以后，笑容满面地走在大街上，跟路过的人打招呼。他看见年迈的老人挑着沉甸甸的担子，就（　　　）；他看见蛮横的无赖欺负老汉，就（　　　）……（生答略）

师：预设问题二："人们的举动引起了周处的深思，他终于想明白了其中的道理，心里十分惭愧。"人们的什么举动引起了周处的深思？他会想些什么？"明白了其中的道理"，他明白了什么道理？（出示第六自然段）人们的举动引起了周处的深思：他想起（　　　　　），想起（　　　），想起（　　　）……他终于明白了（　　　　　　）。（生答略）

师：预设问题三：周处是怎么伏虎、降龙的？为什么写杀虎只用了一句话，写剁龙却整整用了一段话？（出示第四、第五自然段。生互问互答，略）

【点评6：教师关注了学生真实的学习起点，对学习过程中可能出现的问题有充分的预设和整体的思考。学习之初，学生的问题大部分集中在对内容的理解上。学生在互问互学中，抓住"痛改前非、深思"等几个理解上的难点，牵一发而动全身，弄懂了难解之词、难懂之句，对课文内容有了清晰的把握。】

二、师生研读

4.三读课文，积累语言

师：刚才同学们通过自己提问，同学互答，学得有滋有味。倪老师在读故事的时候发现了几个问题，谁能回答老师的问题，加倍给分。问题一：读读以下句子，观察一下它们在写作上有什么共同的特点？你还能从文中找出类似的词句吗？

周处年轻时，性格暴烈，仗着自己力气大、武艺强，横行霸道，欺侮百姓。

山间的猛虎、河里的恶龙，还有地上的周处，是天下三害。

有人壮着胆子去找周处，见面就夸他胆子大，功夫好，上山能伏虎，下水能降龙。

恶龙可不那么容易对付。它忽而浮出水面，跃到半空；忽而潜入水底，东奔西突。

（生自由交流发现的写作共同点）

师：这样的句子该怎么读呢？（范读，让学生初步感受民间故事的"说书"味）请说出你从文中找出的类似的句子。

生1：周处和它搏斗了三天三夜，搅得大河惊涛拍岸，浊浪冲天。

生2：三天以后，大河突然平静了，没有浪涌，没有涛声。恶龙不见了，周处也不见了。

生3：猛虎死了，恶龙死了，周处也和它们同归于尽了！人人奔走相告，个个喜气洋洋。

【点评7：教师的问题没有停留在对课文内容的纠缠上，而是直接指向了课文的语言规律，一步一步扎实地引导学生进行语言实践：发现、朗读、体会、运用。】

师：问题二：文中还有许多四字词语，你会读吗？你能用以下词语说说这个故事吗？用上一个四字词语可以得10分。

横行霸道　欺侮百姓
伏虎降龙　拍手称快
惊涛拍岸　浊浪冲天
同归于尽　奔走相告
喜气洋洋　除害有功
痛改前非　受人敬重

（生自由读词语，但读得很生硬）

师：每个词语都是有情感的，我们不仅要会读，还要读出情感来。同桌之间尝试用上这些词语复述故事。（生复述故事）

师：现在我们接龙复述故事，要给故事加上结尾，补充相应的四字词语。（生接龙复述故事）

师：老师也用上了几个四字词语给故事加了一个结尾，我们一起合作来读一读。（出示故事结尾：后来，周处改过自新，成为一代名将，在战场上立下了赫赫战功，最终战死沙场。后人敬重他的品行，追认他为平西将军，还特地建造了周王庙来纪念他。）

【点评8：教师提的第二个问题继续指向语言实践。这个环节的设计整合了多元的教学目标：一是朗读、理解和积累课文中的四字词语；二是契合第二学段阅读教学目标，呼应民间故事这一特殊文体的特点，复述故事，进行语言运用；三是进行了适当的拓展阅读，落脚点始终在语言的积累和运用上。】

师：问题三：课文学完了，你能评价一下周处吗？（生自由评价，略）

师：从古至今，有很多名言警句都是勉励人们知错就改的，一起念一念、记一记，并选择你最喜欢的一句抄下来。（出示：浪子回头金不换；亡羊补牢，为时未晚；迷途知返，回头是岸。）

师：老师根据大家的回答，编了一副对联送给周处。你能用自己的话或从上面选择一句话加个横批吗？（出示对联：杀虎刹龙显神通，痛改前非受敬重）

【点评9：对民间故事揭示的道理，教师点到为止，没有大做文章，却把着力点再次指向了名言警句的积累与运用，难能可贵。】

5.再读课题，感受精妙

师：老师加的横批是"除三害"，理由是，"除"字含义多：一杀，杀虎；二刹，刹龙；三是什么？你能选一个合适的词语吗？（生答略）

师：连题目都起得如此精妙，难怪能在民间代代流传。（生再读课题）同学们，像这样精彩的民间故事还有很多很多。（出示：《牛郎织女》《孟姜女》《白蛇传》《梁山伯与祝英台》）有兴趣的同学课后可以去看看。

【点评10：教师从题目"除三害"生发疑问，又以"除三害"释疑并点题结束。课始带学生初步了解民间故事，课中层层感受民间故事的语言之美，课尾通过点题再次深化民间故事的语言魅力。此时，再适时地将学生的

阅读兴趣引向课外，可谓事半功倍。】

 总评

本课很好地体现了语文"学本课堂"的三个基本思想。

1.学生学习。语文课堂是学生语文学习的主阵地，学应是语文课堂的前提和主线，教师要把场所让给学生学，把时间让给学生学，把机会让给学生学。学生先学，教师后导。本课的第一板块基本上是学生的自学和互学，学生通过素读，读出收获，读出问题，然后互问互答。我们可以发现，对于故事内容、情节上的一些问题，学生完全可以通过自学和互学来解决。

2.学习语言。一是学习语言形式。语文教学不能只停留在对语言内容的理解、感悟上，还必须凭借文本去体会作者语言表述的形式。在第二板块中，教师设计的问题更多地指向对排比、对仗等语言形式的理解。二是学习语言运用。民间故事是教师指导学生复述的好载体。把四字词语的积累和故事的复述结合在一起，既给复述故事提供了一定的台阶，又为四字词语的理解、内化、运用提供了非常好的平台。

3.学习方法。从整体看，本课呈现出先素读后研读的态势，这是一种学习程序，也是一种方法。从局部看，本课有众多的方法指导，教师不断地通过导语，给予学生一种学习方法、阅读方法上的引领："从故事中读出收获""从故事中读出问题"……教材无非是一个例子，能让学生终身受益的是学习方法的迁移。

／2012年9月点评／

儿童诗教学的"学理"追寻

——《太阳是大家的》点评

[执 教 者] 浙江省绍兴市柯桥区漓渚镇中心小学特级教师／季科平
[教材课文] 人教版课标本三年级下册

太阳是大家的

西边天上的朵朵白云，
变成了红彤彤的晚霞；
从东山上升起的太阳，
到西山上就要落下！

一天中太阳做了多少好事：
她把金光往鲜花上洒，
她把小树往高处拔；
她陪着小朋友在海边戏水，
看他们扬起欢乐的浪花……

太阳就要从西山落啦！
她要去哪儿？
她要趁人们睡觉的时候，
走向另外的国家。

在别的国家里，
也有快乐的小朋友，

也有小树和鲜花。

我知道，此时，

那里的小朋友和鲜花，

正在睡梦中等她，盼她……

 教学实录与点评

一、导读：初解诗题

师：（出示动画"太阳"）今天我们要学习一首儿童诗，这首儿童诗和太阳有关，哪位小朋友来读读课题？（贴课题）

生：（读）太阳是大家的。

师：谁是大家的？

生：太阳。

师：一起读。（生齐读）

师：太阳是谁的？再一起读。（生齐读）

【点评1：句子表达之理。师生之间看似简单的一问一答，实则是对句子表达形式的感悟。"谁是大家的？""太阳是谁的？"这两个问题的指向是各不相同的，其朗读的要求也是不一样的。】

二、初读：读通诗歌

师：（播放课文录音）听着听着，有一位小朋友忍不住打开了课本。让我们打开书，翻到第106页，自由地、大声地把诗歌读一遍，争取把它读通顺。来，把书拿起来，读完一遍后你还可以读读自己认为最难读的那个小节。（生齐读）

师：我要打断大家了。注意：我们要自由地读，自己先读好第一遍，这是非常要紧的。（生自由读，师巡视）

师：嗯，不错。谁愿意把自己认为最难读的一小节读给大家听？

【点评2：学难之理。学生有疑难的地方，才是真正值得学习的地方。教师把学习重点定位于"难读的"，是很有教学意义的。】

生1：（读）"在别的国家里，也有快乐的小朋友，也有小树和鲜花。我知道，此时，那里的小朋友和鲜花，正在睡梦中等她，盼她……"

师：最难读的也读得这么通顺。谁再来？

生2：（读）"一天中太阳做了多少好事：她把金光往鲜花上洒，她把小树往高处拔；她陪着小朋友在海边戏水，看他们扬起欢乐的浪花……"

师：看来已经不是很难了，自己能够把它读好了。还有吗？

生3：（读）"太阳就要从西山落下！她要去哪儿？她要趁人们睡觉的时候，走向另外的国家。"

师：有意见吗？

生：有。

师：谁提醒他？你来。

生4：（读）"太阳就要从西山落啦！"

师：我想请你再试一试。

生3：（读）"太阳就要从西山落啦！"

【点评3：学错之理。教师在教学时要善于发现学生的错误，纠正学生的错误，有时还要充分利用学生的错误帮助学生学习。引导学生在错误中学习，是一种行之有效的方法。】

师：对，就是这样。读的时候要注意读正确和停顿。谁接着读？（生5读第二小节）

师：原来第一小节对你们来说是最不难的呀！本来季老师以为你们单独读彤的时候，会有点难度。但刚才这个同学读得非常好，彤在ABB的这个词语里，她读的是——

生：红彤彤（tōng）。

师：一起读——红彤彤。（生齐读）

师：让我们一起来看这个彤字。彤的本意是给丹上彩，就是用红色的东西来上颜色。难怪这个彤字的左边是——

生：丹。

师：右边是——

生：三撇儿。

师：这个字是我们要写的。我们一起来看，左边的丹，上面只有一点。再来看看，哪一笔在竖中线上——

生：横折钩。

师：再看看哪一笔在横中线上？

生：提。

师：这是横，这个横微微地向上斜。再看右边的三撇，它是直而挺，好像在排队。上面两撇短一点，下面一撇长一点。伸出手指头，我们一起来试试看。（生书空）

师：会写了吗？

生：会了。

师：把作业纸翻过来，把这个彤字写一写，写完一个以后，再和前面的字比一比，看看哪个地方写得好，哪个地方写得还不够好。然后就写红彤彤这个词，争取一个比一个写得好。（生写，师巡视、指导）

师：真能干，一个比一个写得好。如果你认为自己的字写得好，就给自己打一个五角星。（生写，师巡视、指导、随机评价）

【点评4：写字之理。写字是语文课堂教学的常规环节。教师对写字进行具体指导是十分必要的，包括对写字姿势、写字方法的指导，对字的结构、偏旁、笔画的指导等。】

三、再读：读懂诗歌

师：接下来，我们要继续读诗歌。现在请你选择你最喜欢的一个小节轻轻地读，边读边想象，美丽的图画会在你的眼前展开。试试吧！（生自由读自己最喜欢的小节）

师：用自己的话说一说看到的图画，也可以和同桌说一说。有的人还在用手比画，真好！（生交流）

师：老师想了解一下，喜欢第一小节的有几位同学？有三位。喜欢第三小节的有几位同学？一位。第四小节呢？五位。那么，其余同学喜欢的是——第二小节。不过，今天我们得让少数同学先说话，要不然他们就没有机会了。喜欢第一小节的同学来说说你看到的画面。

生：一朵朵白云，红彤彤的晚霞，从东山上升起的太阳就要到西山上落下。

师：你说到了白云、晚霞、太阳这几个事物，谁还想把这个画面描述一下？不是说一个一个事物，而是把它变成画面，比如，天上的白云怎么样。

生：天上的白云变成了红彤彤的晚霞。

师：再想想看，太阳好像在白云的脸上干了什么呢？

生：画画，好像给它涂上了颜色，嗯——好像给它抹上了胭脂。

师：你看，这么一说画面就出现了。来，一起把前两句读一读。（生齐读）

师：来，我们来说说第三小节的画面。喜欢第三小节的好像只有一个人。是你，对吧？来，你说。（生沉默）是老师记错了？还是你改变主意了？那等会儿想说的时候你提醒老师，好不好？来，接下来我们说说第四小节的画面。

生1：我看到了快乐的小朋友、小树和鲜花。

师：就看到了这几个事物，对不对？她的画面当中有快乐的小朋友、小树和鲜花，但这幅画面好像是静止的。

生2：我看见了快乐的小朋友、绿油油的小树和美丽的鲜花。

师：你跳到哪一节去了？是第四节，还是第二节？这幅画面还是静止的，对吧，静静地挂在那里。听着，这幅画要动起来喽。

生3：我看到了小朋友在那里想象着，早上太阳来的时候要干什么事。

师：小朋友在做梦呢，做着甜甜的美梦。很多同学都很喜欢第二小节，那么你又看到了什么样的画面呢？

生4：我看到一缕金光照到鲜花上，鲜花亮闪闪的，好像一个宝石。小树长高了，好像在说："太好了，我长高了。"

师：多么美的画面哪！把掌声送给她。请你为大家读一读这两句诗，让大家也和你一样体会到这样的美。

生4：（充满感情地朗读）"她把金光往鲜花上洒，她把小树往高处拔。"

生5：我看见太阳陪着小朋友在海边玩耍，尽情地嬉水。

师：尽情地嬉水，小朋友在海边泼呀，玩呀，叫呀，跳呀。

【点评5：诗歌之理。教师让学生把儿童诗的文字转化为画面，为学习儿童诗增添了诗情画意。】

师：在这一小节里，有几个表示太阳动作的词，你能把它圈出来吗？

生：洒、拔。

师：还有一个是——

生：陪。

师：来看看，你会做洒的动作吗？做做看。（生做洒的动作）就这样做，再做做看。好，不错，请你把这个字写到黑板上。（生板书）

师：我们再来做做拔的动作。（生做拔的动作）哇，你做得这么用力，小树要被你连根拔起了。拔得稍微轻一点。来，你把这个"拔"字，写到黑板上。（生板书）

师：还有一个陪字，谁会做，坐在位置上做这个动作。怎么陪？对，陪就是在一起，可以拥抱一下……好，你来板书。（生板书）

师：好，现在就让我们边做动作边朗读第二小节，试试看。（师生边做动作边读）

师：（指着板书）我们来看，这三个动词，能不能用一个"照"字来表示？把它们都换成"照"字，你同意吗？有的同学在摇头了，理由呢？谁没有发过言，请把小手举得高一点，你来。

生1：如果把那些动词换作"照"的话，那就重复了，也没那么生动了。

生2：洒、拔、陪都是拟人词。

师：噢，你的发现真有价值。这是人做的动作，现在太阳做了一个"人"，能不能换？不能换。

生：如果换成"照"的话，就不美了。

师：是啊。太阳把金光往这朵鲜花上洒，往那朵鲜花上洒，朵朵鲜花因为有了太阳——

生：朵朵鲜花因为有了太阳，开得更美了。

师：我们再继续看，太阳把这棵小树往高处拔，把那棵小树也往高处拔。那棵棵小树 —— 没有发过言的，请把小手举高。

生 1：长高了。

生 2：长得更粗壮了。

生 3：长得更绿了。

师：我们再继续看，它陪这个小朋友玩，它陪那个小朋友玩，那个个小朋友因为有了太阳 ——

生 1：他们更欢乐了。

生 2：他们更开心了。

师：是啊。太阳做了这些好事，诗歌中只用一句话就把它概括出来了。

生：（齐读）"一天中太阳做了多少好事。"

【点评 6：动词之理。词性不同，其特点和作用也各异。总的来说，在所有词里，动词是最有表现力的，理应是学习的重点。】

师：这句话就把下面的话全部概括出来了，现在老师把它换一下顺序：先写鲜花，再写小朋友，最后写小树，这样可不可以？

生：不可以，因为作者是按顺序写的，先写植物，再写人。

师：说得多好，它们是有顺序的。作者先写太阳为植物做的好事，再写太阳为小朋友做的好事。

生：如果把小朋友放在中间的话，那就是写植物、写人、写植物这样的顺序了。

师：顺序乱了，那我现在把它换回来。那就是必须要按照这样的顺序写，先写太阳为自然界做的好事，再写太阳为人类做的好事。请这边的小朋友读太阳为自然界做的好事，请那边的小朋友等会儿读太阳为小朋友做的好事。第一句话，我们一起读。（师生合作读）

四、连读：读美诗歌

师：刚才我们是一小节一小节地读诗歌，接下来我们要两小节两小节地连着读，相信你一定会有新的发现。我们先把第二、第四小节连在一起读读看。

（生自由读第二、第四两小节）

师：注意哦，读的时候是两小节一起读，谈感想也是两小节连着谈哦。仔细看看，两小节有什么相同的地方？有什么不同的地方？

生：第二节和第四节都说了小树、鲜花和小朋友。

师：你看，这就叫联系着读。第二节和第四节都说了小树、鲜花和小朋友。

生：它们的顺序都一样。

师：哦，它们的顺序都一样？写的事物是一样的，但顺序有一点点变化。

生：最后都有一个省略号。

师：你不仅能够读文字，还能够读标点。谁能够看看第四小节的省略号，然后结合第二小节的内容来说一说，这才叫有本事！

生：盼她把金光往鲜花上洒，盼她把小树往高处拔，盼她陪着小朋友在海边戏水，盼他们扬起欢乐的浪花。

师：是啊，盼她来做这些事情。如果你说的时候能够再轻一点，再柔一点，就不会把睡梦中的小朋友吵醒了哦。我们来试试看，轻轻地来盼……

生：（轻轻地）盼她把金光往鲜花上洒，盼她把小树往高处拔，盼她陪着小朋友在海边戏水，盼他们扬起欢乐的浪花。

师：那我们再看看第二小节的省略号，它又省略了什么呢？你是第一次举手，来，你说。

生：因为太阳不仅做了上面写的这些好事。

师：说得多好！太阳做了很多好事，除了上面做的这些好事以外还有很多很多。那么上面做的这些好事，我们有没有记在心里呢？试试看！（生背诵第二小节）

【点评7：比较之理。学习有法，学无定法，贵在得法，妙在导法。相对而言，比较法是一种比较好的方法。此处学生通过对第二节与第四节的比较、分析和概括，可以初步认识儿童诗的一些表达特点。】

师：我要为太阳点个赞，她做了那么多好事；我也要为你们点个赞，你们已经把太阳做的好事深深地记在心里。太阳还做了很多很多的好事，我们展开想象，脑海里就会浮现出很多画面。比如，太阳会来到我们的校园里，太阳会来到田野上，太阳还会来到广场上。她都做了些什么呢？请打开作业纸，写下来。（出示现场作业"我会把诗写完整"）

一天中太阳做了多少好事：
她把＿＿＿＿＿＿＿＿＿＿，
她＿＿＿＿＿＿＿＿＿＿＿＿；
她陪着＿＿＿＿＿＿＿＿＿＿，
……

师：写得快的同学已经在写第三句了。注意了，前面这个分句先写太阳为大自然做的好事，后面这个分句写太阳为人类做的好事。

【点评8：读写联系之理。从读学写，以写促读，读写结合，相得益彰。这种读写一体的设计符合语文教学的规律。】

师：好，因为时间关系，只能先请你们把笔放下，如果没有写完，交流的时候可以直接说下去。

生：她把稻田晒得金黄金黄的，她把小草染上了绿油油的衣裳；她陪着小朋友……

师：别急！"她把小草染上了绿油油的衣裳"，改一改，"她把小草染得……"

生：她把小草染得碧绿碧绿的。

师：当然，你也可以修改前面的部分，后面"绿油油的衣裳"不变。试试看！

生：她给小草穿上绿油油的衣裳，她陪着小朋友放风筝。（说不下去）

师：后面一句谁帮她接下去？

生1：看他们露出灿烂的笑容。

生2：她把果子变甜了，她把小花变鲜艳了；她陪着我做作业，带给我快乐。

师：她陪着我做作业，看着我认真做作业的模样。接下来请每个小朋友把自己写好的内容和同伴分享。（同伴一起分享诗句）

师：此时，小朋友和鲜花正在睡梦中等她，盼她。盼她干什么呢？盼她帮小草穿上绿油油的衣服。还盼她干什么呢？谁来说？

生1：盼她把阳光洒在湖水上。

生2：盼她一起来放飞白鸽。

师：实际上，刚才我们写的这些，都是那里的小朋友盼着的，是吧？太阳是我们的，也是他们的。你看太阳是——

生：朵朵鲜花的。

师：太阳是——

生：棵棵小树的。

师：太阳是——

生：个个小朋友的。

师：太阳是——还可以说很多很多，汇成一句话，那就是——

生：太阳是大家的。

师：地球上的每一个小朋友都可以分享太阳的温暖，地球上的每一棵小树都可以分享太阳的温暖，地球上的每一朵鲜花都可以分享太阳的温暖，因为太阳就是——

生：大家的。

师：（播放课文诵读小电影）让我们轻轻地、轻轻地跟随着诵读，让这首诗深深地、深深地印在我们的心里。（生非常陶醉地跟着诵读）

师：让我们在这美好的诵读中结束今天的课，小朋友们再见！（生还沉浸在美好的诵读中，没反应过来）

师：小朋友们再见！

生：老师再见！（生依依不舍地离开现场）

【点评9：结课之理。语文课堂的结课有三种常见方式：其一是进行简明扼要的小结，其二是布置课外作业，其三是把学生的思绪引向远方。本课采用了第三种，在美好的诵读中结束了今天的课。】

 总评

小学生正处在诗一般的年龄。充满诗情画意的儿童诗，是小学生乐意接受的学习内容。以上是特级教师季科平设计并执教的一节较有特色的儿童诗教学课堂范例。让我们一起去追寻儿童诗教学的六个重要的学理依据。

1. 课程的学理依据。小学语文课程的学习要义是，学习对象是语言文字，学习者是小学生，学习方法是训练和感悟，学习结果是知识积累。本课的设计和实施符合语文课程的基本学理依据，特别是在儿童诗的语言学习和学法指导方面颇有特色，富有新意。本课对第二小节的教学最为精巧，有四处值得点赞。一是教师对"洒""拔""陪"三个动词的学习及其与"照"字的比较，学习过程步步推进，学生学得扎实。二是教师对总起句"一天中太阳做了多少好事"及其与下文分述句的关系理解，渗透了段的结构意识，学生学得深入。三是课中教师对不同学法、不同读法的多次关注，指导有效，学生学得灵活。四是课尾教师指导学生模仿第二小节进行仿写，读写结合，读中学写，以写促读，学生学得有效。这些都是有价值的语文课程内容，具有十分重要的学习意义。

2. 学段的学理依据。学生在小学阶段要学习众多儿童诗，但这些儿童诗分设在不同学段和不同的教材中。小学语文课程和教学要提倡"学段意识"，在不同的学段，应设计不同的学习目标和不同的学习策略。本节课讲的是三年级下学期的一篇课文，较好地体现了小学语文第二学段的学习要求，那就是侧重于词语理解、句段学习、朗读策略、学习方法等方面的引导和落实。可以说，本课的学习目标定位和学习内容确定较为精准，这是本课教学成功的一个重要原因。

3. 单元的学理依据。小学语文采用单元组文的教材编排思路。一个单元为一个学习单位，每个学习单位有一个学习主题。本文是三年级下学期第七单元的第一篇课文，它与《一面五星红旗》《卖木雕的少年》《中国国际救援队，真棒！》合成一个主题学习单元。本单元的主题是"地球是人类的共同家园，让世界充满爱"，这也是本课的意境和情感主线。学诗贵在理解意境、把握情感，但本课在这方面做得略显不足，较少引导学生从语言、形象、画面、情景中悟出诗的意境。儿童诗教学没有意境不美，当然过了"境"也不完美。这需要讲究一个度，这正是小学语文诗歌教学的难点所在。

4. 文体的学理依据。儿童诗的文体特质是：画面形象、想象丰富、语言通俗、富有童趣。根据儿童诗的特质设计学习的目标和学习策略是本课学习的重要思想和方法。本课在语言的形象画面转化、学生想象力的活化、学习方法的童趣内化上进行了积极而有效的探索。如在儿童诗的理解之始，教师就提出让学生用自己的话说一说看到的图画，并以此法为主线，学习这首儿童诗的第一至第四小节。这样就把语言文字和图画情景有机地联系在一起了：文中有画，画中有文，使儿童诗产生了立体的画面感。

5. 整体的学理依据。教学语文课不是自发随意的，更不是杂乱无章的，而是有理可依，有据可查的。设计并实施一节完整的语文课要遵循语言文字的知识规律和学生的认识规律。本课设置了"初读：读通诗歌→再读：读懂诗歌→连读：读美诗歌"三个学习环节，以读为线，浑然一体。这样就真正实现了"真学"：从儿童的真实起点出发，师生共同经历真实的语文学习过程，让儿童获得真实自然的生长。

6. 细节的学理依据。语文学习活动是由一系列学习环节组成的，而每一个学习环节的安排都应有教学思想做支撑。可以说，有什么样的教学思想就会有什么样的细节处理和精彩亮点。本课设计细致，操作灵动，留下了多处精致的学习片段：如在"导读：初解诗题"阶段，教师有两个追问："谁是大家的？""太阳是谁的？"看似平凡的问话，其实是一种语言表达形式的训练。这是一种"语言表达形式意识"。又如本课对"彤"字的教学真可谓煞费心思，精细入微。对这个重点字的音、形、义的理解和书写活动过程都进行了翔实展示和指导。这是一种"学习过程意识"。再如，把第二小节和第四小节组合成一个学习板块，能有效地促进学生对所学知识形成结构性体系。这是一种"知识结构意识"。细微处见功夫。这样的教学细节具有别样的风景，值得细细体味。

/ 2016年2月点评 /

导读课要讲究教师"导"的策略
——"那村·那天·那娃"点评

[执 教 者] 浙江省杭州市余杭区教育局教研室特级教师／陈海燕

 教学实录与点评

导读目标：

（1）通过吟诵、想象、探究等方式，赏读一组展现古代儿童情态、情趣的古诗，发现诗韵，感受诗趣。

（2）感知韵脚，体验押韵之趣。

（3）借助韵脚读背古诗，并在辨析中学习抄录方法。

【点评1：教师在教学目标中特别关注韵脚，引导学生体会押韵的表达作用。这样的导读目标切入点虽小但聚焦。】

（课前谈话：老师给每人取了一个有趣的村娃名，如狗蛋、二妞等，引导学生背诵古诗）

【点评2：课始教师为学生取村娃名，让学生对学习倍感亲切，引发学习趣味。这既是一种有趣的教学组织方法，更是一种教学策略和教学智慧。儿童学习需要某种形式的支撑。】

一、读读聊聊，发现"诗之韵"

1.赏读《小儿垂钓》，入境体验

师：孩子们，小河沟、小池塘，那可是你们的乐园。瞧，有个小孩正在钓鱼呢！（出示配插图的古诗《小儿垂钓》："蓬头稚子学垂纶，侧坐莓苔草映身。路人借问遥招手，怕得鱼惊不应人。"）

师：有这么一首诗，写的就是这个小孩在钓鱼时发生的事。陈老师给大家读一读，想听吗？

生：想！

师：我发现，这首诗可以有两种读法：急性子读法和慢性子读法。你们想先听哪一种？

生：（多数）急性子读法！

师：那你们可听好了，急性子的人开始读了。（手打节奏，用类似快板的轻快韵律演读《小儿垂钓》。众人感觉新奇，跃跃欲试）

师：咱们再来听听慢性子的人是怎么读的。（一字一句、抑扬顿挫吟诵，伴有手势和眼神，念足韵味。众人静听回味）

师：你喜欢哪一种读法？接下来，请大家选择自己喜欢的方式自由地读读这首古诗。（生自由练读，师巡视，相机指导）

师：看样子，大家都练得差不多了，谁愿意来试着读一读？（一生模拟老师的快板节奏读了一遍，师相机正音，略）

师：你的模仿能力很强啊！我再请个慢性子的娃娃来读一读。（指名读并正音）

师：你这个慢性子娃娃，声音还很好听呢！但是，"蓬"这个字音没念准。注意这是个后鼻音，来跟我念——蓬。（生跟读）

师：好的。下面咱们一起来读读这首古诗，先慢读一遍，再快读一遍。（指挥全班舒缓地读了一遍，又轻快地读了一遍）

【点评3：教师关于"急性子读法和慢性子读法"的设计，看似随意之作，实则意义深远：一是让学生了解古诗可以有不同的读法，二是让学生选择自己喜欢的读法，三是增加了学生朗读的趣味。】

师：这首诗的题目是"小儿垂钓"，知道垂钓是干什么吗？

生：垂钓，就是钓鱼。

师：小儿就是？

生：小儿就是小儿子。

师：是小儿子吗？谁有不同意见？

生：小儿就是小孩。医院里有小儿科，就是给小孩看病的。

师：对呀。小儿就是小孩，就是像你们这样可爱的小娃娃。小儿垂钓的

意思就是 ——

生：小孩钓鱼。

师：嗯，题目懂了。咱们中国话呀，很有趣，有时一个意思可以有好多种说法。比如，题目里的"小儿"表示小孩，可是你知道吗，诗里面还有一个词表示小孩，找找它藏在哪儿？

生：稚子，稚子也是小孩的意思。

师：说得对。告诉大家，你是怎么知道的？

生：我看了下面的注释。

师：嗯，真好。她给大家提供了一个很好的方法 —— 对照注释学古诗。

【点评 4：学古诗要掌握学习方法，这很重要。如果能适当展开学习过程就更好了，可以留出时间让学生有意识地积累、巩固"对照注释学古诗"的方法，还可以让学生把"对照注释学古诗"抄录在书本上。】

师：小儿和稚子都表示小孩。这是一个什么样的小孩呢？来，我们读读第一句。(生齐读)

师：蓬头稚子是一个什么样的小孩？

生：头发乱蓬蓬的小孩。

师：他的头发为什么会是乱蓬蓬的呢？（生答不出）

师：孩子们想想看，乡村里的娃娃平时可能会做些什么？会忙些什么？会到哪里去？

生 1：可能在草地上打滚儿了。

生 2：可能在地里干活了。

生 3：我想他肯定是打架了。(众笑)

师：嗯，的确都有可能。"蓬头稚子学垂纶"，垂纶就是？

生：垂纶就是垂钓，钓鱼的意思。

师：嗯，咱们又找到了一对意思相同的词。

【点评 5：教师关于"小儿"与"稚子""垂钓"与"垂纶"两组同义词的对照设计具有科学的学理依据。这启发我们，要善于发现一篇文章或一首古诗中共有的、相似的语言现象的关系和规律，并组成一个对应的知识单元进行板块式学习。】

师：联系上下文理解词语也是一个好办法。大家看，（指插图）这个小娃娃坐在河边的草丛里，学钓鱼学得怎么样啊？

生：很专心呢！

师：谁愿意来读读前两行？请大家把自己当成诗里的这个小孩，让我们听听，他钓得有多专心。（走近一生，看他写在书边的村娃名）哦，你是王村的狗娃。狗娃，你今天出来钓鱼高兴吧！来，读读看，让我们听出你很高兴、很专心。（生朗读）

师：狗娃很专心、很认真，估计你的鱼儿很快就要上钩了。各村的孩子们，来，大家一起读。（生齐读前两行）

师：就在这个孩子专心钓鱼的时候，发生了什么事呢？大家看看图，再看看诗，猜一猜！

生：小孩钓鱼的时候，有个路人来问路了。

师：（扮路人喊话）喂 —— 小哥，李家村怎么走哇？（问全班）这么一喊，那钓鱼的孩子会怎么样？

生：会着急！他担心吓跑了小鱼，赶紧挥挥手，不敢说一句话。

师：大家来表演一下这个孩子着急的模样。（生表演急忙摆手，示意别出声，怕惊动鱼儿的样子）

师：这正是，来一起读 ——

生：（齐读）"路人借问遥招手，怕得鱼惊不应人。"

师：我有个好主意，咱们来边演边读读这首诗。记住，前两句读完后，老师会扮演路人喊话问路，大家表演急忙摆手，然后再齐读后两句。记住了吧！好，来彩排一次。（师生合作演读）

2.引导学生发现韵脚，初识诗韵

师：这首诗里面还藏着一个小小的秘密呢！大家看，这个小秘密就藏在第二行和第四行的尾巴上。（引导学生观察"身"和"人"两字的拼音）

师：有没有发现这两个字有什么共同的特点哪？

生：韵母都是 en 。

师：是的。孩子们，最后一个字的韵母相同或者相似，这就是诗歌的小秘密，我们把它叫作押韵。因为押韵，诗歌读起来才特别朗朗上口。

二、找找猜猜，体验"韵之趣"

1. 联系新旧知识，印证发现

师：其实，咱们对于押韵并不陌生，曾经念过的很多古诗、儿歌都是押韵的。比如，床前明月光——

生：疑是地上霜。

师：春眠不觉晓——

生：处处闻啼鸟。

师：小白兔白又白——

生：两只耳朵竖起来。

师：小老鼠，上灯台——

生：偷油吃，下不来。

师：瞧，全都是押韵的，很好听。

【点评 6：以新知识带旧知识，让新旧知识相互印证，是一种很好的古诗导读策略。】

2. 在尝试中运用，儿歌补韵

师：押韵既然这么好玩，不如我们也来试试。瞧，这里有一首儿歌版的《小儿垂钓》，好像还缺几个字呢，等你们这群小诗人来完成。（幻灯出示）

狗蛋一早出门了，
出门一看天真好。
眼珠一转有主意，
原来是想把鱼（　　）。

来到河边他一瞧，
清清河水青青（　　）。
不慌不忙举起竿，
看这鱼儿哪里（　　）。

　　　　忽听有人在问路，

　　　　眼看鱼儿就要（　　）。

　　　　连连摆手别出声，

　　　　肥肥鱼儿上钩（　　）。

　　师：（快板节奏读）"狗蛋一早出门了，出门一看天真好。眼珠一转有主意，原来是想把鱼 —— "填个什么字好？

　　生：把鱼钓。

　　师：你为什么不填"抓"，要填"钓"呢？"把鱼抓"，不是也可以吗？

　　生：因为前面有"了""好"，"钓"和它们押韵。

　　师：聪明的孩子，你已经记住了诗歌押韵的小秘密。好，接着来！"来到河边他一瞧，清清河水青青 —— "

　　生：草。

　　师："不慌不忙举起竿，看这鱼儿哪里 —— "

　　生：跑。

　　师："忽听有人在问路，眼看鱼儿就要 —— "

　　生：跑。

　　师：除了跑，还可以填哪个字？谁再来试试？

　　生：逃，逃更好。

　　师：为什么用"逃"字更好？

　　生：因为前面已经有一个"跑"字了。

　　师：了不起！你知道写诗尽量不用重复的字。好，接着来。"连连摆手别出声，肥肥鱼儿上钩 —— "

　　生：（齐声）了！

　　师：啊，大家都成了小诗人啦！好，咱们师生合作来读读这首儿歌吧！我读一句，你们接下一句，好吧？（师生接龙读儿歌，拍手打节奏）

　　【点评7：教师紧扣押韵进行分层设计和教学，以生为本，据学而教，层层推进。这个环节围绕教学主线展开，突出了教学重点。】

3. 且读且加速，游戏读背

师：刚才有个同学用急性子的读法读了这首诗，你们想听听他是怎么读的吗？

生：想！

（师用绕口令的方式急速读完，生惊讶）

师：快吧！这才是真正的急性子呢！你能行吗？赶紧自己试试吧，看你能读多快！（生兴奋地、快速地读，师组织竞赛，激励背诵）

三、试试想想，再探"小秘密"

1. 赏读《放风筝》《题画》，感受村娃

师：（出示配有插图的古诗《放风筝》："结伴儿童裤褶红，手提线索骂天公。人人夸你春来早，欠我风筝五丈风。"《题画》："村落晚晴天，桃花映水鲜。牧童何处去？牛背一鸥眠。"）瞧，画里的小孩在干什么呢？

生：一个在放风筝，一个不见了。

师：请大家自己读读这两首诗，把字音读正确。（生自由读，师巡视指导）

师：这两首诗，一首很热闹，一首很宁静，你们发现了吗？

生：《放风筝》很热闹，《题画》很宁静。

师：咱们来读读这两首诗。注意，一首闹，一首静。来，读！（生齐读）

师：在前一首诗里我们知道了，小儿、稚子都是小孩的意思。这两首诗里也藏着两个表示小孩的词，快找找！

生：儿童和牧童。

师：嗯，小儿、稚子、儿童、牧童 —— 看，表示小孩的词真不少哇！孩子们在放风筝，心情怎么样啊？

生：很开心。

师：谁来读第一句？读出高兴劲儿。（指名读）

师："结伴儿童裤褶红"，裤褶就是？

生：就是裤子。

师：穿着红裤子的小孩们，"手提线索骂天公"，老师被一个字眼吓了一跳，猜猜是哪个字？

生：骂。

师：是的，骂。天公是谁呢？

生：老天爷。

师：小孩们为什么要骂老天爷呢？

生：因为没有风，风筝放不了啦！

师：所以他们开始"手提线索骂天公"，往下读！

生：（齐读）"人人夸你春来早，欠我风筝五丈风。"

师：哎，这一点也不像骂天公啊，声音这么软，简直就是在求天公嘛！来，把心里的气都骂出来！（生齐读）

师：声音太小了，天公听不见。再来！（生齐读）

师：等啊等，就是没有一丝风，哎！孩子们更气了。来！加上动作，大声地骂天公，读！

生：（指天骂）"人人夸你春来早，欠我风筝五丈风。"

师：骂得痛快！老天爷呀，你听到了吗？人人都夸你把春天早早地带到了人间，可你却欠我们一场大风啊！下面，咱们两人一组，边拍手边读诗。（生两人一组，相对拍手，有节奏地演读）

师：《题画》是清代著名诗人袁枚为一幅画题写的诗。"村落晚晴天"，傍晚的天气怎么样啊？

生：天气很晴朗。

师："桃花映水鲜"，这是什么季节？

生：是春季。

师："牧童何处去？"放牛的小孩呢？

生：不见了。

师：可能去哪儿了呢？

生1：可能去捉蝌蚪去了。

生2：可能在山坡上睡着了。

生3：也许他像第一首诗里的那个小孩一样，钓鱼去啦！

师：啊呀，跑得不见踪影啦！他的牛在静静地吃草，一切都静悄悄的。"牛背一鸥眠"，牛背上的鸥鸟怎样了？

生：睡着了。

师：是啊，连鸥鸟都睡着了，多么宁静啊！来，咱们用一种新的方法来读这首古诗，这个方法叫"回声读法"。比如，老师读"村落晚晴天"，你们轻声跟读"晚晴天"，读出非常宁静美好的感觉，好吗？（师生合作用回声读法朗诵）

【点评8：好一个回声读法！教师又一次对学生进行了学习方法的指导。点赞！】

师：啊，真是太好听了！好宁静，好甜美呀！

2. 诵读中回味，再寻韵脚

师：还记得诗的小秘密——押韵吗？大家看这两首古诗分别押的是什么韵？（出示带注音的两首古诗，引导学生留意韵脚）

师：押韵的诗歌念起来特别好听，儿童节就要到了，咱们把这三首有趣的古诗排演成一个古诗联诵节目，演给小朋友们看，大家说好不好？

生：好！

师：联诵的顺序是这样的——《小儿垂钓》《题画》《放风筝》。《小儿垂钓》用快板的节奏拍手读，《题画》用回声读法读，《放风筝》用二人对拍读法读，记住了吗？（音乐起，师指挥联诵）

四、抄抄赏赏，寻味"诗墨香"

1. 辨析且比较，明晰抄法

师：这么好玩的三首古诗，咱们把它抄下来吧。老师为大家每人准备了一张小书签。请大家挑选自己最喜欢的那首古诗抄上去。

生：太好了！

师：古诗应该怎么抄呢？先请大家看几张其他班级小朋友抄录的古诗。（出示四份带有编号的小学生古诗抄录作业）你觉得这些小同学的古诗抄得怎么样啊？

生1：我觉得2号和4号小朋友的古诗抄得好看，很干净很漂亮。

生2：我觉得1号同学抄得不好，诗句没有对齐，歪歪扭扭的！

生3：3号题目抄得好，正好摆放在中间，不像1号，题目都歪到左边去了。

生4：最漂亮的是2号，把作者和朝代也抄上去了，字也好看。

师：看得很仔细呀，大家都可以当小老师啦！

【点评9：为教师在课堂上安排学生抄写古诗的做法叫好！小学生学古诗，听说读写都需要，读写更必要，写最重要。把抄写古诗的环节挤进课堂，值得赞扬和学习。】

2.落笔心意诚，敬慕诗香

师：孩子们，你们知道吗？经典古诗是老祖宗留给我们的宝贵财富，古人在读诗抄诗的时候可慎重啦！他们会净手，甚至会沐浴焚香，多么充满敬意呀！下面，让我们也认认真真地来抄写一首吧，就抄在这张可爱的小书签上。谁抄得好，陈老师就先为他的小书签系上红丝带。（生认真抄诗，师巡视指导）

师：请同桌两人互相检查一下，如果抄得干净美观，就奖励他一根红丝带，帮他系在小书签上。（生相互检查欣赏，为书签系红丝带）

师：孩子们，你已经亲手"生产"出了一张非常漂亮的古诗小书签，多么美好的一份节日礼物哇！你可以送给自己亲爱的爸爸妈妈，也可以送给最亲密的小伙伴，大家高兴吗？

生：高兴！

师：好，下课！

 总评

陈海燕老师上这节课时，那气氛、那设计、那效果，我都欣赏有加。从导读课的角度看，这节课很好地体现了教师"导"的教学策略和艺术。

1.编导。这是一节由教师自主开发的古诗"组诗"课，师生共同学习了一组描写古代儿童情态、情趣的古诗。一节课学三首古诗的构架，反映了执教者自觉的课程意识、课程开发和建设的探索精神。这证明了"教师是课程开发者"的可行性。

2. 疏导。这节课起于"读读聊聊，发现'诗之韵'"，终于"抄抄赏赏，寻味'诗墨香'"，前后衔接连贯。既浑然大气，又有起伏变化。对第一首古诗主要采用快慢对比教学，对第二、三首古诗则采用动静对比教学。所以，好的课一般是整体观照，细节有变化的。

3. 指导。这是一节很好的古诗学法指导课。如在朗读方法教学上就有新的尝试：急性子读法和慢性子读法、回声读法等。教师还指导学生理解词语的多种方法，如"对照注释学古诗""联系上下文理解词语""联系新旧知识"等。让学生在课堂上抄写古诗，更是一种行之有效的方法。

在关注学生"学"的同时，教师的"导"也不可或缺。课外的导读课是这样，课内的语文课也是如此。这是由本课引发的对语文教学更高层次的思考。

/ 2014年9月点评 /

绘本阅读要培养学生的读图能力
——《想吃苹果的鼠小弟》点评

[执 教 者] 浙江省温州市南浦小学／李碧

教学实录与点评

教学目标：

（1）置身绘本情境，激活言语思维，激发说的欲望和写的兴趣。

（2）能基于观察展开想象，运用恰当且连贯的动词描述人物的动作。

（3）能运用平时积累的语言，对绘本故事进行创编，丰富绘本内容，并乐于与他人分享。

【点评1：一个有意义的目标设计！这些教学目标的设计充分体现了绘本教学的特点：绘本情境、绘本观察、绘本读写。从教学目标可以看出，教师致力于培养学生绘本读写的兴趣，培养其观察、思维、想象、创作和分享的能力。这些目标的确定超越知识，聚焦能力，不落俗套，颇有新意。这是本课教学成功的重要保证。】

一、课前预热，聚焦动作

师：小朋友们，初次见面，我们一起来做个游戏互相熟悉一下，好吗？屏幕上面显示什么字，你就把这个字所表示的动作做出来。（配乐出示：站、拍、跳、望、摆、笑、坐。生做相应动作）

师：真开心哪，你们有没有发现，屏幕上出现的词都有什么共同的特点？

生：都是表示动作的词。

师：真好，表示动作的词我们叫它动词。（板书：动词）文字呀，真的很有意思，不同的字就表示不一样的动作。看，你们都做得好开心哪！那我们开始上课，行吗？

生：行。

【点评2：一个有趣的起始环节！教师通过让学生看动词做动作的方式，把学生的兴趣引向动词。这既是一个学习的心理启动，也是一个学习内容的渗透。教师的课堂语言"好开心哪""真好""真的很有意思"等，无不在创设欢乐的课堂气氛。】

二、走进绘本，转换动词

师：小朋友们，你们喜欢看绘本吗？

生：喜欢。

师：李老师今天给大家带来了一本绘本，叫作？（出示封面）

生：想吃苹果的鼠小弟。

师：一拿到绘本，我们首先要看封面。除了题目、作者名字，我们还要看看图，仔细观察，你见到了一棵什么样的苹果树？

生1：我见到了一棵茂盛的苹果树。

师：嗯，长得枝叶茂盛的苹果树。

生2：我看到了一棵长得很健壮的苹果树。

师：他用了"茂盛"，你用了"健壮"，词语积累真丰富！

生3：我看到了一棵高大的苹果树。

师：真棒！每个人眼中的苹果树都不一样。再来看看，你看见了一只怎样的鼠小弟？

生4：我看见了一只可爱的鼠小弟。

师：对呀。再看看它的样子，说完整、具体些。

生4：我看到了一只个子很矮的鼠小弟。

师：你看到了矮个子的鼠小弟。

生5：我见到了一只贪吃的鼠小弟。

师：你怎么知道它很贪吃呀？说出理由哦！

生5：因为它的手放在嘴巴里。

师：哈哈，小孩子想吃东西了就会把手放在嘴巴里，你联系了自己，你很会观察，更会思考。

生6：我是从它的头往上仰，眼睛看着那个苹果树上的苹果知道它很想吃苹果的。

师：这真是一只贪吃的鼠小弟。你们真了不起，看绘本就应该像你们这样仔细观察，一个小细节都不放过！孩子们，鼠小弟望着高大的苹果树直流口水，它多么想吃到这红红的苹果呀！那它能吃到吗？让我们赶紧到故事里去看看吧！

【点评3：一次有效的看图说话！绘本有"三码"：图码、文码、意码，其中图码是最基础的也是最重要的教学内容。绘本阅读要真正在读图上下功夫。这里展示了学生观图的顺序、对图特点的观察和描述。教师很有必要培养学生观图、想图、说图、读图的能力。】

三、置身绘本，动词连动

师：来了一只小鸟，拿了一个苹果；来了一只猴子，拿了一个苹果；来了一头大象，拿了一个苹果；来了一只长颈鹿，拿了一个苹果；来了一只袋鼠，拿了一个苹果；来了一头犀牛，拿了一个苹果。你们有没有发现，看看绘本里的这些文字，都用了一个什么词来写这些动物的动作？仔细看，说一说。

生：都用了一个"拿"字。(师在课件上将"拿"字用红色显示，把一个写着"拿"字的圆纸片贴到黑板上)

【点评 4：一个很好的语言学习点！学生从绘本文字里读出一个动词"拿"。动词是最有表现力也是最值得学生学习的词性。教师抓住一个动词，既使学生学习了一类动词，又使学习过程充满了动力。】

师：对，都用了一个"拿"字。但是你仔细看看，小动物们"拿"的动作是一样的吗？

生：不一样。

师：不一样。那好，你们用平时积累的词来换一换，能用一个更准确的词换吗？

生1：来了一只小鸟，含了一个苹果。

师：可不可以？

生：可以。

师：好，请你把这个字写下来，贴到黑板上。(生1写字并贴到黑板上)后面的男孩子继续说。

生2：来了一只小鸟，叼了一个苹果。

师：你把"叼"字写下来，贴到黑板上。还有吗？

生3：来了一个小鸟，摘了个苹果。

师：行不行？.

生：不行，小鸟没有手。

生4：衔。

师：比用嘴"拿"更好的应该是"含""叼""衔"，对吗？瞧，一下子变出了这么多词。接着看，你来说。

生：（齐）来了一只猴子，摘了一个苹果。

师：异口同声，那除了"摘"还有没有其他词呀？

生1：来了一只猴子，取了一只苹果。

生2：来了一只猴子，拽了一个苹果。

师：哇，真棒呀！你们积累的词语真多，连"拽"字都知道，真能干。再来看，选其中的一幅图来说一说。（出示所有的图片）

生1：来了一头大象，吸了一个苹果。

生2：来了一头犀牛，顶了一个苹果。

师：应该是"顶下一个苹果"，就像刚刚"取下一个苹果"。还有吗？你来说。

生：来了一只袋鼠，咬下一个苹果。

师：行不行，跳着的袋鼠的动作应该是 ——

生1：摘。

生2：来了一只长颈鹿，吃了一个苹果。

师：哈哈，苹果是被吃进去了，还是在嘴边？仔细观察，换个词？

生2：咬下一个苹果。

生3：来了一只犀牛，掉了一只苹果。

师："掉"行不行？

生：不行。"掉"是自然动作。

（生继续转换动词说，并把说出的动词写在圆片纸上，贴到黑板上）

师：看来你们不仅积累了很多动词，而且知道了要正确使用动词。同样一个"拿"字，因为不同动物的动作不一样，竟然变出了这么多的动词来。瞧，黑板上出现了一朵七色花，我们祖国的语言文字多么奇妙！以后我们说话写话时，也要注意用上丰富的动词哦！

【点评5：一个精彩的教学片段！小动物"拿"的动作是一样的吗？不一样。哪里不一样？从对"拿"的共性认识到各种不同拿法的个性表达，从一个动词的表达到对祖国语言丰富的认识，层层推进，非常出彩。】

四、丰厚绘本，活用动词

师：故事继续发展，鼠小弟看着伙伴们轻轻松松地拿走苹果，可着急了，它会做什么呢？它学小鸟飞飞飞，它学猴子爬爬爬，它学大象拉鼻子，它学长颈鹿伸长了脖子。（生笑）你们干吗笑呢？

生1：因为这只小老鼠很可爱。

师：你说。

生2：我觉得这只小老鼠很傻。

师：我们请一位同学来学一学这只又傻又可爱的鼠小弟，好吧？（请一生上台表演）

【点评6：一次有价值的评价！学生对小老鼠做出既可爱又很傻的评价，这是学生情感不断内化的过程。虽然学生对小老鼠的评价意见相左，但都是学生的真实感受和体验。教师尊重了学生的理解和判断，这是基于学情的真实教学。】

师：你们觉得怎么演才会像？可以友情提醒一下他，当然要看图有依据哦。这只老鼠太小了，我用放大镜，把它放大来看看，怎么样，它都做了哪些动作？（出示放大了的鼠小弟）

生1：手是上下摆动的。

师：鼠小弟的手上下摆动。好，一个"摆"字。（随即把"摆"写在纸片上，贴在黑板上）还有谁再来告诉他，你说。

生2：伸直手臂，快速地摆动。（师书写"伸"）

生3：头要往上仰。

师：（书写"仰"）嗯，观察真仔细，看来这个放大镜的作用好大呀！

生4：鼠小弟还要跳起来。

生5：鼠小弟还要闭上眼睛。

师：（依次把生提到的动词写在圆纸片上并贴到黑板上）还有吗？

生6：还要用肩膀的力量上下挥动。

师：你说得更具体了，还说了"挥动"。瞧，"摆动"也可以换成"挥动"，语言很丰富。鼠小弟又是"伸"，又是"跳"，又是"摆"，又是"闭"，还有"仰",那么多动作，感觉真的有点乱，谁来给这些词排一排，让这位同学能更好地把鼠小弟的动作演出来？

生：鼠小弟仰起头，伸长了脖子，闭上眼睛，挥动着双手，然后脚不停地向上跳。

师：原来光动作多还不行，还要按一定的顺序排列才能把动作说清楚了，"鼠小弟"才明白要怎么演。好，现实版"鼠小弟"来学小鸟，开始！（生做动作）他学得像吗？

生：像！（生笑，鼓掌）

师：原来先把动作分解了，再用上这一连串的动作就能把这只可爱的有点傻的鼠小弟带到我们面前哪！

生：鼠小弟也想学小鸟，它仰着头，伸着脖子，闭着眼睛，挥动着手臂，跳了起来。

师：说得真好，孩子们，就是这样子，我们先把它看清楚了，再用一连串的动作表演，就能把画面给变活了。

【点评7：一次有深度的学习活动！上述教学过程，目标聚焦，有层次地展开。教师抓住鼠小弟的动作，逐个推进，教学效果明显。这为学生理解动词的具体性和连贯性提供了很好的样本。这是一种高阶的语言品质训练。】

师：其实，我们的课文当中也有这样的句子。来，你看，这是——（出示：他望着架上那一串串紫红色的葡萄，迫不及待地爬上葡萄架，摘下一串就要往嘴里送。）这里用"望着""爬上""摘下""往嘴里送"等一连串的动词，把那只贪吃的猴子展现在我们眼前了。（出示：一个孩子坐在院子里，靠着奶奶，仰起头，指着天空数星星。）一个孩子"坐"在院子里，"靠"着奶奶，"仰"起头，"指"着天空"数"星星。瞧，我们也要学会准确描述动作，这样就能把话说清楚了。（板书：动词，动，动，动）

【点评8：一次互文学习设计！这里把课外的绘本阅读与教材上的课文阅读有机地联系起来，构建了一个知识体系。两者相辅相成，互为促进。这种互文学习活动增加了学生的阅读量，加深了学生对知识的理解，促进了学习的深入。】

师：试一试，让动词也走进你的文章。选择任意一张图片（犀牛的图片

没有提供），把鼠小弟是怎么学那些动物的说清楚。可以充分展开自己的想象，每个人自己先练练。（生自由说）

师：看来你们特别喜欢可爱的鼠小弟，就请你来说吧。

生1：鼠小弟也想学犀牛，它跑到一个地方，摆好姿势，脚踏在那里。

师：是脚向后一蹬，对吧？

生1：对。一跑，然后撞到树上，撞出了一个包。

师：你们听，没有图画，他的想象力也如此丰富！你能连起来再说一次吗？

生1：鼠小弟也想学犀牛，它跑到一个地方，摆好姿势，脚向后一蹬，向前冲去，结果撞在树上，撞出了一个大包。

师：这一"跑"，一"蹬"，一"冲"，一"撞"，一只学犀牛的鼠小弟就这样活灵活现地展现在我们面前，棒极了！谁再来说一说。

生2：鼠小弟也想学袋鼠，它举起手，一蹲一跳，结果没有跳到一半就掉下去了，摔倒在地，什么都没够着。

师：哦，它举起双手，往下一蹲，用力一跳，结果没够着，却一屁股摔在地上。你连着用了五个动词，真了不起！还有好多孩子想说，不急，等一下我们把它写下来再分享。

五、创作绘本，巧用动词

师：故事真是有意思，李老师班的一个孩子看着其中一幅图，就写了这样一段话，你看看哪儿特有意思。（出示：这时，来了一只猴子，它两脚夹住树干，一手挂住树枝，一手轻轻松松地摘了一个苹果。鼠小弟看见了，也想学猴子。它眼睛瞪得圆溜溜的，像灯泡那么大，牙齿也咬得紧紧的。鼠小弟一跳，用小手拼命抱住树干，小脚用尽力气一点一点往上爬，可是才爬了一点，就"吧唧"摔了下来。它摸着摔疼的屁股，心想："要是我也会爬树就好了。"）我们来瞧一瞧，会欣赏别人的作品，待会儿自己肯定也能写得很好。你看看，这里都用了哪些动作？先读读看。（生读）

师：火眼金睛的你们，看看这位同学都把哪些动作写进了文中。开始是——（生报出：夹、挂、摘、跳、抱、爬、摔，师将写有动词的圆纸片贴在黑板上，呈现出毛毛虫的样子）哇，这么多动词呀，太好玩了！瞧，这些动词图片变成了什么？

生：变成了毛毛虫。

师：原来有了一连串的动作就能把这个画面写活了，"动词毛毛虫"真有趣。再仔细看，除动词连动外，还有什么地方你觉得他写得特别好？

生：用了比喻句。

师：厉害，知道比喻句，读出来给大家听听。

生1：像灯泡那么大。

生2：他还用了很多好词。

师：比如说？

生2："轻轻松松""圆溜溜"……

师：好词看来不能少，写啥像啥也很重要。还有吗？

生：还有他写出了鼠小弟心里想的。

师：你真有一双慧眼，我觉得文字的魅力就在这儿，可以把心里想的写出来。还有什么发现吗？

生："吧唧"写得很有意思。

师：对，写出了"声"。（板书：声音）

生："它摸着摔疼的屁股，心想：'要是我也会爬树就好了。'"这里把心里想的都写出来了。

师：写出了"想"。（板书：想法）原来要想写生动，不仅用几个动词连写，还可以？

生：写出声音，写出想法。

师：好的。那现在老师请你们也选择其中的一幅图，写一写。注意写的时候开头要空两格，从"这时"开始写，你可以选择写鼠小弟学小鸟、学袋鼠、学大象、学长颈鹿、学犀牛，甚至可以学其他动物。用上你积累的词，把故事写清楚，写具体。给大家12分钟时间。（生提笔写话）

【点评9：一次随机的习作训练！从读到写，以写促读，读写结合，是语文学习的规律。这里的写是以学生的读为基础。特别是写片段的设计，时间短，效率高，符合小学生的学习心理特点。】

师：小朋友们，提笔就是练字时，这时，别急着提笔，可以先想想，刚才别人是怎么写的，再仔细观察，展开想象。有几个孩子写着写着就笑了，你们想象中的画面一定很有趣，每个人心中都有一只可爱的鼠小弟。写好的孩子，先自己读几次，看看句子是否通顺，看看你的动词写进去了没有。（生书写）

师：好，大家把笔放下。我们先学会倾听，听听别人是怎么写的。（展示学生作品，指定学生读自己写的话）

师：大家看一下，她都用了哪些动作，还有你们所说的好词呀，比喻手法呀，声音、想法等有没有写进去。第一个要夸她什么？

生：字写得好。

师：字写得真好。来读一读。

生：（读）这时，一只大象来了，它伸出自己又长又有力的鼻子，吸了一个又大又红的苹果。鼠小弟看见了也想学，它竖起耳朵，皱着眉头，用自己的脚使劲地夹着鼻子，把鼻子拉得长长的。可是，鼻子拉红了，还是够不到。它想："如果我的鼻子像大象那么长就好了。"

师：（随即圈出动词，在写"想法"的地方画上波浪线）你看，她一连用了几个动词，还把鼠小弟的想法写进去了。写得好不好？

生：好。

师：谁也写学大象的，和她写的内容不一样的，就直接读出来这几个句子，好吗？

生：（读）这时，来了一头大象，它的口水都流下来了，心想："这苹果又大又甜，肯定很好吃，我的早餐就是它了。"于是，它用自己长长的鼻子，吸过来一个红苹果，兴高采烈地回家了。小老鼠看大象爷爷轻轻松松地吸走了苹果，也想学大象爷爷，于是它躺在地上，两手握紧拳头撑住地面，用脚夹住自己的鼻子，使劲往前拉，越拉越长，越拉越痛，"砰"的一声，鼻子弹了回来，痛得鼠小弟直叫。它想："为什么受伤的总是我呀！"（众笑）

师：哇，太有才了！谁说好词佳句只出现在书本上，看，不也出现在你们的笔下了吗？你觉得他哪里写得特别好哇？

生1：前面写大象的那部分很有想象力。

生 2：后面鼻子越拉越长，还写了越拉越痛，把感觉都写进去了。

生 3：还写出了声音，写出了鼠小弟心里的想法。

师：写学小鸟的，有没有？那个男孩子，来吧。（将其作品放在投影仪上）大家看，这样的字，应该发一个五角星，但是有一个小小的地方需要改进，看到没有？什么地方？

生：开头要空两格。

师：来，再空一格。

生：（读）这时，来了一只小鸟。它摆动翅膀，轻轻松松地就叼走了苹果。鼠小弟也想学它。它仰望着苹果，伸长了脖子，闭着眼睛，挥动手臂，只见它一跳，连树干一半的高度都没到，就掉下来了。"呀，好痛啊！"鼠小弟摸着自己摔肿的屁股说，"还是用别的方法吧。"

师：你觉得他哪里写得非常棒？你说。

生："仰望"一词把它很想吃苹果的样子都写出来了。

师：还有吗？（无人回答）想说什么却一时说不出来，是吗？那我来说。"'呀，好痛啊！'鼠小弟摸着自己摔肿的屁股说，'还是用别的方法吧。'"这部分特别棒，是吗？有想的，有说的，还有表示动作的词，真的太好了。还有写别的画面的吗？写老鹰的来试试。

生：（读）这时，来了一只老鹰，它大步大步地走过来。

师：停，"大步大步地走过来"，行吗？

生：轻轻地飞过来。

师：看来词不能乱用啊！

生：（读）它把翅膀展开，"嗖"的一声，叼了一个苹果飞走了。鼠小弟特别天真，它想："苹果肯定很好吃吧！"于是，它找到两片大叶子，绑在两只手上，再用力一跳，"砰"，一头撞在树上，只见它头顶上冒出了几颗"小星星"。

师：哇，最后一句太妙了，来点儿掌声，想象力很丰富。接下来，把你们的好作品都读给同桌听一听，同桌把对方写得好的地方画一画，如果有不足的地方也可以给他提个建议。（生互读互评）

师：我喜欢这两个孩子，为什么？这个孩子告诉同桌自己这里写得不够好。他同桌拿到本子的时候，把他写得好的地方都圈出来了，真是会学习。

其实，每一个人都有值得欣赏的地方。好，小朋友们，鼠小弟的故事还在继续，所以没写完也没关系。如果都写好了，把大家写的片段合在一起，再加个开头，就是一个精彩的鼠小弟的故事。那结局如何呢？鼠小弟最后有没有得到这个苹果呀？到底谁帮助了它？你们猜猜看。

生1：有，小鸟让它坐在自己背上，然后飞到苹果树上，让它坐在苹果树上。

师：真好，善良的小鸟！你说呢？

生2：长颈鹿让鼠小弟坐在头上。

师：让它骑上去呀，原来这些伙伴都能帮助它。

生3：大象将鼠小弟卷上树。

…………

师：大家的想法真多，那书上的结尾又是如何呢？你可以去看一看。当然，你也可以就用自己想象的内容写个结尾，这样一个完整的《想吃苹果的鼠小弟》的故事就完成了。

【点评10：一种结构层次的尝试！从一种动物到多种动物，呈现出了故事情节的延续性和多样性。这不仅使情节更具体、生动，而且使学生有了一种结构和层次的意识。学生在读、说、写的活动中，逐步学完了一个完整的《想吃苹果的鼠小弟》的故事。】

师：孩子们，通过这节课的学习，你都有什么收获？

生1：我知道了，写连贯的动词，让动词动、动、动，画面就活了。

生2：我知道了，说话、写话时要用上准确的动词。

生3：我知道了，写画面时，加点声音，加点心里想的，就能把故事写得更生动了。

…………

师：看来大家都是收获多多，那就运用起来吧！下课。

 总评

李碧老师曾在浙江省小学语文名师课堂展示活动中展示过这节课，我领略过她的课堂教学风采。欣赏之余，我深为感叹：这是一节三年级绘本读写的示范课，其示范性主要表现在以下三个方面。

1. 读图的指导。绘本是一种图画书，它的主要特色在于图画。绘本读写课要致力于对学生读图意识的引导、读图方法的指导和读图能力的培养。这节课在这几个方面都做得很好。

2. 语言的训练。语文的核心素养是语言素养，语文课堂要关注语言，在语言的理解和运用上下功夫，促进学生语言表达能力的不断提高。李老师不仅安排了写的环节，而且重点聚焦写动词。所以，这节课做得很出色。

3. 过程的展开。语文学习过程比学习结果更重要。语文课堂教学要有过程意识和学习步骤，充分保证学生听、说、读、写的机会和时间，在学习过程中提高学生的语文能力。对此，这节课做得很用心。

/2017年11月点评/

学的起点、程序和策略
——《花的勇气》点评之一

[执 教 者] 浙江省绍兴市柯桥小学／张幼琴

[教材课文] 人教版课标本四年级下册

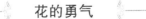

花的勇气

冯骥才

四月的维也纳真令我失望。大片大片的草地上，只是绿色连着绿色，见不到能让人眼前亮起来的明媚的小花。没有花的绿地是寂寞的。我对驾车同行的小吕说："四月的维也纳可真乏味！绿色到处泛滥，见不到花儿，下次再来非躲开四月不可!"

小吕听了,将车子停住,把我领到路边一片非常开阔的草地上,让我蹲下来扒开草好好看看。我用手拨开草一看,原来青草下边藏着满满一层小花,白的、黄的、紫的;纯洁、娇小、鲜亮;这么多、这么密、这么辽阔!它们比青草只矮几厘米,躲在草下边,好像只要一使劲儿,就会齐刷刷地冒出来……

"什么时候才能冒出来?"我问。"也许过几天,也许就在明天。"小吕笑道,"四月的维也纳可说不准,一天一个样儿。"

当天夜里,冷雨伴着凉风下了起来。后来的几天,雨时下时停,太阳一直没露面儿。

我很快要离开维也纳去意大利了,小吕为我送行。路上我对小吕说:"这次看不到草地上的那些花儿,真有点儿遗憾,我想它们刚冒出来时肯定很壮观。"小吕驾着车没说话,大概也有些为我失望吧。

外边毛毛雨把车窗遮得像拉了一道纱帘。车子开出去十几分钟,小吕忽然对我说:"你看窗外——"隔着雨窗,看不清外边,但窗外的颜色明显地变了,白色、黄色、紫色,在车窗上流动。小吕停了车,伸手拉开我这边的车门,未等我弄明白是怎么回事,便说:"去看吧——你的花!"

迎着吹在脸上的细密的、凉凉的雨点,我看到的竟是一片花的原野。这正是前几天那片千万朵小花藏身的草地,此刻那些花儿一下子全冒了出来,顿时改天换地,整个世界铺满了全新的色彩。虽然远处大片大片的花与蒙蒙细雨融在一起,低头却能清晰地看到,在冷雨中,每一朵小花都傲然挺立,明亮夺目,神气十足。

我惊奇地想:它们为什么不是在温暖的阳光下冒出来,偏偏在冷风冷雨中拔地而起呢?小小的花儿居然有如此的气魄!我的心头怦然一震,这一震,使我明白了生命的意味是什么,是——勇气!

一、预习反馈

师：今天我们学习一篇散文《花的勇气》。通过昨天的预习，你知道作者是谁？（生不知）请你关注这位作者 —— 冯骥才（板书），以后我们会看到这位作家不同风格的作品。昨天同学们花 20 分钟预习了课文，张老师认真看了每位同学的学习单，首先要给大家提个建议，书写时不但要把字写得工整，还要写得规范，每一段话开头要空两格，24 位同学要引起注意。预习时，你认为哪些词语特别要提醒同学？

生：乏味、泛滥、铺满……

【点评 1：词语学习建立在学生预习的基础之上。"学本"！】

二、梳理内容

师：预习时，我们做了一件事，试着用自己的话说说课文讲了什么事。（出示小怡同学的作业，略）你发现了什么问题？

生：读起来很啰唆。

师：概括课文要用简洁的语言。像这样写的同学有 20 多位。再来看看小婷同学的作业，（出示该同学的作业，略）你又发现了什么问题？

生：好像故事还没写完。

师：概括还要完整。那么该怎么概括这篇略读课文的内容呢？请关注课文导语。（生读）

师：哪句话提示我们概括课文内容的方法？

生：（齐读）他为什么会从"失望""遗憾"到"惊奇""心头怦然一震"？

师：请浏览课文，圈出词语。（生圈画词语，师板书，生读词）

师：你发现了什么？

生：这些词都是描写心情的。

师：作者在维也纳，心情为什么会发生这么多变化？找出原因就能概括课文的主要内容了。请你联系上下文，想想作者为什么失望？

生：因为作者来到维也纳，看到草地上只是绿色连着绿色，没有让他眼前亮起来的明媚的小花。

师：你用了一个长句子，有没有更简洁的？课文中有个词语能概括这个长句子。

生：泛滥。

师：完整些，应该是"绿色泛滥"。你可以像老师一样，在课文上批注下关键词。（示范批注）请你用这样的方法找出令作者感到"遗憾""惊奇"和"怦然一震"的原因。（生自主批注后全班交流。生板书：花藏草下、拔地而起）

师：看着板书，说说故事的主要内容。（生个别说）

【点评2：用描写心情的词概括课文主要内容，这是一种词串概括法。得体！】

师：这是一篇散文，散文最大的特点就是"形散而神不散"。在这篇课文中"不散的神"就是作者的情感线索，抓住这条线索就可以帮助我们梳理文章内容。遇到类似课文时，也可以运用这样的方法来提取课文的主要信息。（出示《我为你骄傲》《钓鱼的启示》《学会看病》《剥豆》）

三、品味语言

师：有人说，内容人人都知道，但形式对很多人来说却是个秘密。读懂课文写了什么只是第一步，我们还要知道课文是怎么写的。冷风冷雨中的小花令作者怦然一震，那么课文中的哪些语言也令你怦然一震呢？很多同学都摘抄了自己喜欢的句子，老师简单地统计了一下，基本集中在这几处。（出示学生摘抄的喜欢的句子，略）这些语言背后肯定有许多奥妙值得我们好好品味一番。请你默读课文，一边读，一边画出一处你喜欢的句子，读一读，品一品，在旁边批注下阅读感受，等会儿与大家分享。（生默读批注，师个别指导）

【点评3：批注是一种简约而有效的学习方法。得法！】

师：老师发现很多同学不知如何下手，那么老师先来示范批注。我和三位同学一样最喜欢这个句子——"没有花的绿地是寂寞的"，尤其喜欢"寂

"寞"这个词，它原指人的心情，在这儿指没有花的绿地显得冷冷清清，令作者心情失落。多么独特的表达！读着这样的词，我会想到，没有风筝的天空是寂寞的，没有孩子的春天是寂寞的……（生鼓掌，继续默读批注5分钟后，全班交流）

生1：我喜欢第二段中的这句："我用手拨开草一看，原来青草下边藏着满满一层小花，白的、黄的、紫的；纯洁、娇小、鲜亮；这么多、这么密、这么辽阔！"我觉得这句话写出了花的颜色、样子和数量很多。（师投影生1的批注）

师：也喜欢这一处的同学可以跟她对话。

生2：我也喜欢这一处。读了这句话，我感受到了作者看到小花时的那种兴奋、惊喜和激动的心情。（师投影生2的批注）

师：前一个同学读懂了句子的内容，后一个同学读懂了文字背后的情感。

【点评4：教师的提示对提高学生的学习水平是十分有必要的。提升！】

师：那么我们通过朗读来体会一番。（生读句子，但都没有读出分句停顿）

师：你们有什么发现？

生3：她把分号读成了逗号，分号表达了小花的三个层面，应该停顿。（生3读出排比句三个分句的停顿和递进感，但没有读出三个词语的节奏）

师：分号的层次感是读出来了，你们又有什么发现？

生4：我觉得作者看到小花时是那样惊喜，好像迫不及待地想表达出来，"白的、黄的、紫的；纯洁、娇小、鲜亮；这么多、这么密、这么辽阔"。中间用顿号而不是逗号，节奏很快，我可以体会出他的那份惊喜。

生5：我觉得还有惊奇和不可思议，因为一开始草地上绿色泛滥，他很失望，这时候看到这么多色彩鲜艳的小花，他怎能不惊喜？

师：我们在阅读时要多关注这些特别的句式，它往往表达了作者特别的情感。试着背诵积累起来。（生背诵）

生6：我画的句子是最后一段。（读）花儿在冷风冷雨中不顾一切拔地而起，它的这份勇气令作者惊讶、震撼！

生7：我跟他找的一样，我想到的是小花竟有这样一种坚韧不拔的勇气，我们人更需要有这样的勇气。

师：尤其是哪个词让你们感受到了花的勇气？

生：拔地而起。

师：我们一般用"拔起而起"来形容什么？

生：大厦、山峰、高楼。

师：这些拔地而起的建筑物、山峰都有让我们仰望的高度，那么这些低矮的小花何以让我们仰望？不是小花的物理高度，而是……

生：小花的勇气、小花的气魄、小花的精神高度。

师：我们也来仰望这丛拔地而起的小花吧！（生齐读，声音高亢）

师：同学们，声音响不一定就有力量。放低音量，试试看。（生个别读，在破折号处没有停顿）

师：特别的标点有时也能传达情感，在破折号处多停顿一会儿，仿佛作者在积蓄力量，表达心底的猛烈震撼。（生齐读）

【点评5：特别关注了语言表达。给力！】

四、拓展阅读

师：冷风冷雨中的小花因为勇气而绽放出了生命的光彩。有一种花叫山苏花，它却错过了一次次开花的机会，为什么呢？请借助课文导语自己读懂《山苏花》。读完后想一想，你想对故事中的山苏花说些什么呢？拿起笔，结合《花的勇气》，写下你对勇气和生命的感悟与思索吧！（生写感悟，师批阅，3分钟后交流）

【点评6：互文阅读，在交互中学习，在对比中提升。增值！】

生1：如此娇小的花儿都有这么大的勇气，我们又有什么理由在困难前面退缩？

师：你用一句反问表达你的感悟，这也是独特的表达。

生2：山苏花呀，因为退缩，你失去了一次次绽放生命的机会。机会是不能等待的，只有勇气才能让生命更光彩有力！

师：好一个"光彩有力"！这是你对生命的独特理解。

生3：生命是什么？生命是砖缝中顽强生长的瓜苗，是绝境中奋力求生的小飞蛾，是那一声声强而有力的心跳！

师：你联系了学过的课文，用了排比句这种特别的句式表达了你此刻对生命的怦然一震，真了不起！

【点评7：教师对学生的语言表达做出了评价。智慧！】

师：最后向大家推荐两本书，美国著名作家海伦·凯勒的《假如给我三天光明》和美国作家纳塔莉·巴比特《不老泉》。相信阅读完这两本书后，你对勇气和生命会有更深层的感悟。

【点评8：把学习的视野引向课外阅读。点赞！】

 总评

张幼琴老师的这堂课，最大的特点是始终关注学。关于学，有三个学理问题值得讨论。

1. 学的起点。"学本课堂"是建立在学情基础之上的。教师充分了解学情是提高教学有效性的基本保证。张老师这堂课在学的起点上关注了三个方面：一是关注四年级学生原有的知识基础，二是关注这个班学生预习的基础，三是尊重学生本人的观点。这是难能可贵的。

深思"学的起点"，有两个问题值得注意。第一个问题是要不要预习，预习放在课内还是课外？教师是否安排一定的时间预习，这要根据学情决定，并非所有课文的教学都要安排详细预习。把预习一味地安排在课外，也许会增加学生的学习负担。我的观点是尽量将预习挤入课内，增加课堂教学的密度，提高课堂教学效率。第二个问题是学生已经掌握的内容要不要教，教到什么程度？教师要充分相信学生的聪明才智，让学生有充分展示自己所思所想的机会，对学生已经掌握的内容就不必重复教学。课堂教学要以学生的学情为依据，并为之转移。张老师在教学设计中有两个"补学"环节的预设，学生在课堂教学中都自己提出来并解答了，其实不用老师"补学"。当然，如果要补充和提升，则有教学之必要。

2. 学的程序。张老师的这堂课在学的程序构建上做了精心设计。例如，

117

先学阅读提示，再据此学课文，这样学得自然，学有所依。又如，先让学生尝试概括，教师再引导补充，较好地发挥了学生和教师的作用。再如，先学课内课文，再引进课外的一篇文章，进行互文阅读教学，这些都值得我们借鉴和学习。

值得提醒的是，张老师这堂课虽然尽量体现了以生为本，但从整体来看，还是以教师为中心的"演绎课堂"，教学程序的安排是从概括到具体。"演绎法"是一种学习程序，"归纳法"是一种更好的学习程序。对于传统课堂和现代课堂，我以前从理念上来区分，认为"以教师为中心"是传统的，"以学生为中心"是现代的；后来我以时间作为标准，认为课改之前是传统的，课改之后是现代的；现在我以思维来判断，认为先概括、再具体，这种"演绎思维"的课堂是传统的；先具体、再概括，这种"归纳思维"的课堂是现代的。因为归纳更具有学的意义，它有充分的过程展开。因此，若想在课堂结构上真正实现从具体到概括的"学本课堂"的框架性结构变革，还需教师做更大的尝试和努力。

3. 学的策略。张老师的这堂课在学的策略上做了很大努力，主要体现有：（1）略读教学的策略。如抓大放小、先学后教、精略得当。（2）文体教学的策略。本课的教学体现了散文的形散神聚和语言优美的文体特点。（3）整合的策略。教师把这篇课文的学习与本单元教学相联系，把学生已经学过的课文和以后要学的课文相整合。（4）批注学习的策略。（5）使用学习单的策略。以上策略运用时间适宜，而且较有成效。

从更高的学习策略要求看，教师要根据学生的特点，特别是文本本身的特点和文章内在表达的特点选择和确定学习策略。我认为，《花的勇气》最大的特点是构篇上的先抑后扬。如果本课能在这一点上引导学生关注这篇文章的结构表达特点，那是多么有意义的事。这是这篇课文特有的语言表达特点，是学生在其他的课文中学不到的知识和能力。

/ 2015年3月点评 /

语文教学中的"不但……而且……"
——《花的勇气》点评之二

[执 教 者] 浙江省杭州绿城育华小学／陈郁珍
[教材课文] 人教版课标本四年级下册

 教学实录与点评

教学目标：

(1) 检查学生字词预习情况，帮助学生巩固积累本课重点字词。

(2) 解读导语，帮助学生了解本文的学习重点。

(3) 安排小组合作交流课前"助学单"，帮助学生理解作者的心理变化。

(4) 让学生用"怦然一震"来理解全文的方式，拓展了解"三月的维也纳"和"五月的维也纳"。

【点评1：教师不但要注意课前的准备性学习，而且要关注课中的现场学习。课前助学单的使用对学生自主学习具有积极意义。但是，语文教学应更多地向课堂要质量，向40分钟要效率，不宜过多地依赖课外的准备和课前的预习。】

一、谈话导入

师：今天，我们来学习一篇新的课文《花的勇气》。（板书课题）作者是冯骥才，关于他，你了解什么？（生根据课前预习补充作者信息）

【点评2：不但要了解作者，而且要使其与学习内容相整合。了解作者是有必要的，但是了解作者的信息不是目的，语文教学要把对作者信息的了解和理解文章内容、主题结合起来，通过互文阅读，起到相互促进和补充的作用。】

二、检查字词

师：解释"泛滥"的词义，找其近义词。（听写：气魄、遗憾、傲然挺立、神气十足、怦然一震。生互相检查）

【点评3：不但要重视字词教学，而且要重视在语境中识字学词。教师检查学生预习字词的情况是对的，这有利于帮助学生理解和积累字词，为后面流畅地阅读全文打下基础。但是，更好的处理方式是在语境条件下学习新的词语：字不离词，词不离句，句不离段，段不离篇，更何况是略读课文教学。一般来说，略读课文教学不应安排单独的检查字词环节。】

三、解读提示语

师："怦然一震"这个词在课文中的哪里出现？

生：最后一段和提示语。

师：请解读提示语，说一说主要的学习任务是什么。（生答略）

【点评4：不但要读提示语，而且要深入细致地解读提示语。对略读课文教学来说，设计"解读提示语"的环节是必要的。但是，教师要着力指导学生直接与提示语的文本对话，真正从提示语中读出本文的教学要求：一是与本单元的前一篇课文《生命 生命》衔接，二是概述本文的主要内容，三是体会作者为什么会从"失望""遗憾"到"惊奇"，四是读自己喜欢的语段。本课可围绕这四个要求展开教学，这样的设计才是最"素色"的。】

四、小组合作（讨论助学单）

师：这个学习任务与我们发的助学单中哪一道题是差不多的？

生：第一道题。

师：第二道题是对这个学习任务的一个延伸。既然这样，我们就拿出助学单，一起先来讨论第一、第二道题。

【点评5：教师不但要事先预设助学单，而且要动态生成助学单。要防止

从以教师为中心转向以助学单为中心。助学单应该做开放式设计，问题应该来源于学生的学习现场，是一种"进行时态"。】

师：讨论时的要求是：（1）讨论助学单，针对每个问题，每个人都说一说自己独立思考后的想法；（2）在互相讨论的基础上补充自己想法中的不足；（3）小组选择一位代表发言，组员补充。

【点评6：不但要提出具体的讨论方法，而且要直接指向讨论对象。显而易见的是，教师虽指导了讨论方法却忽视了对文本阅读的关注，而后者才是更重要的。语文教学的真正目的不是讨论某些问题，而是语言学习。】

师：作者在维也纳的心情变化是，从"失望""遗憾"到"惊奇""心头怦然一震"，请在文中圈出这些词语。再想想这些心情的变化分别是因为什么？既可以用文中的词语概括，也可以用自己的语言概括。

（在小组合作学习时，生将原因写在纸板上，师在讲解时适时将纸板贴在黑板上。失望——绿色泛滥；遗憾——看不到花，花在草下；惊奇——冷风冷雨，拔地而起；怦然一震——花的勇气。）

师：看着板书，谁来说一说作者在维也纳经历了一件什么事？（生概括回答，略）

师：作者遗憾的是看不到花冒出来。小花没有冒出来时，是怎样一番情景呢？请用横线画出来。仔细读一读，在标点上你发现了什么？作者为什么要这样写呢？

生："我用手拨开草一看，原来青草下边藏着满满一层小花，白的、黄的、紫的；纯洁、娇小、鲜亮；这么多、这么密、这么辽阔！它们比青草只矮几厘米，躲在草下边，好像只要一使劲儿，就会齐刷刷地冒出来……"作者用分号区别了花的颜色、样子和数量。

师：这里还有一个字让我们感受到强大的生命力，是哪个字？

生：冒。

师：一个"冒"字，让我们看到了花的勇气，它在冷风冷雨中依然能够拔地而起。对于这篇课文，我们的同学还有很多自己的思考，我们一起来看一看。（出示"我的思考"板块）

【点评7：学生不但需要教师的具体指导，而且需要教师的高效指导。学生在讨论交流中的确需要教师的点拨、指导和引领。但是，教师指导什么、什么时候指导，都是很有讲究的。这需要教师在整体观照、细节落实的条件下机智应对。】

师：作者在《花的勇气》中描写了四月的维也纳，他为花的勇气而"心头怦然一震"。其实，这篇课文是《维也纳春天的三个画面》中的一个画面，作者还描写了三月的维也纳和五月的维也纳。请阅读下面两个片段，用一个词来概括，并说明理由。

【点评8：不但要大量阅读，而且要聚焦阅读。这里教师引进两个片段，进行对比性阅读，值得点赞。然而，课堂教学时间有限，教学内容要集中而聚焦。这里能否聚焦一个主题——从"失望"到"惊奇"的写作构思。怎么又冒出来用一个词来概括？】

五月的维也纳，到处花团锦簇，春意正浓。我到城市远郊的山顶上游玩，当晚被山上热情的朋友留下，住在一间简朴的乡村木屋里，窗子也是厚厚的木板。睡觉前我故意不关严窗子，好闻到外边森林的气味，这样一整夜就像睡在大森林里。转天醒来时，屋内竟大亮，谁打开的窗子？正诧异着，忽见窗前一束艳红艳红的玫瑰。谁放在那里的？走过去一看，呀！我怔住了，原来夜间窗外新生的一枝缀满花朵的红玫瑰，趁我熟睡时，一点点将窗子顶开，伸进屋来！它沾满露水，喷溢浓香，光彩照人；它怕吵醒我，竟然悄无声息地又如此辉煌地进来了！你说，世界上还有哪一个春天的画面更能如此震动人心？

这季节的维也纳一片空蒙。阳光还没有除净残雪，绿色显得格外吝啬。我在多瑙河边散步，从河口那边吹来凉丝丝的风，偶尔会感到一点春的气息。此时的季节，就凭着这些许的春的泄露，给人以无限期望。我无意中扭头一瞥，看见了一个无论多么富于想象力的人也难以想象得出的画面——

几个姑娘站在岸边，她们正在一齐向着河口那边伸长脖颈，眯缝着眼，噘着小嘴，亲吻着从河面上吹来的捎来了春天的风！她们做得那么投入、倾心、陶醉、神圣；风把她们的头发、围巾和长长衣裙吹向斜后方，波浪似的飘动着。远看就像一件伟大的雕塑。这简直就是那些为人们带来春天的仙女们啊！谁能想到用心灵的吻去迎接春天？你说，还有哪个春天的画面，比这更迷人、更诗意、更浪漫、更震撼？

生：五月的维也纳 —— 震动人心；三月的维也纳 —— 难以想象。

师：（小结）在交流中，我们知道了可以抓住一个词来理解全文，感受了花的勇气和生命的意义。这篇课文让我们领略了维也纳独特的春天。

【点评9：不但要小结，而且要有效小结。学习需要小结，它对知识的梳理和提升都是很有好处的。但要思考：是不是每个环节都要小结？可不可以尽量让学生做小结？能不能用多种方法做小结？】

 总评

有人说，方向比努力更重要。我采用了"不但……而且……"的句式对本课做了点评，不是说本课的设计有诸多错误和不足，而是点明本课教学行为改进的方向。"不但……而且……"是审视语文课堂教学的一种理性的、科学的思维方式。意思是不但要注意前后两者的内容及其关系，而且要关注后者的进展和水平。"不但……而且……"不是并列关系，而是一种递进关系，是一种扩展式和深入式的思维。希望本课的点评能给设计者和读者以一种思维上的启迪。

依着"不但……而且……"的思维方式，本课教学还有很多地方可以改进：不但要注意精读课文的教学策略，而且要关注略读课文的教学策略；不但要注意儿童的一般学习特点，而且要关注四年级学生的学习水平；不但要注意课文的一般教学内容，而且要关注课文的结构框架和表达方式……

／2014年6月点评／

比较是一种比较好的思维方法

——《和我们一样享受春天》点评

[执 教 者] 浙江省安吉县递铺镇第三小学／肖秋萍

浙江省杭州市拱墅区拱宸桥小学／傅世玉

[教材课文] 人教版课标本四年级下册

和我们一样享受春天

高洪波

蔚蓝色的大海，
本来是海鸥的乐园，
可是巡弋的战舰和水雷
成了不速之客，
这究竟是为什么？

金黄色的沙漠，
本来是蜥蜴和甲虫的天下，
可是轰隆隆的坦克和大炮
打破了它们的梦幻，
这究竟是为什么？

蓝得发黑的夜空，
本来属于星星和月亮，
可是如今频频发射的导弹
把星星的家园搅得很不安宁，

这究竟是为什么？

绿茵茵的草地，
本该滚动着欢乐的足球，
可是如今散落着的地雷碎片
阻挡着孩子们奔跑的脚步，
这究竟是为什么？

我们希望，我们祈盼——
让战火中的孩子
有一张课桌，平稳的课桌，
不被导弹的气浪掀翻！
有一间教室，洁白的教室，
免遭炸弹的弹片击穿！
和我们一样在鲜花中读书，
和我们一样享受春天……

教学实录与点评

在 2012 年浙江省小学语文高端培训活动中，汪潮教授安排了一次《和我们一样享受春天》的同课异构、一课二教活动，取得了很好的教研效果。

肖秋萍老师的课堂教学实录如下。

教学目标：

（1）整体学习诗歌，理解诗句的内容，了解诗歌的结构。

（2）通过朗读想象画面，初步习得本诗中对比与反复的表现手法，并尝试加以运用。

（3）有感情地朗读诗歌，体会诗歌表达的情感，从而激发对战争的憎恨及对和平的热爱之情。

教学重点、难点：

（1）重点：学习诗歌1—4节，体会诗句表现的情感。

（2）难点：体会诗歌的节奏和韵律。

一、整体感知内容

（1）读正确。学生自由朗读课文，教师提示注意字音：巡弋、不速之客、散落。

（2）明特点。指导学生静静地看着诗歌，尝试发现诗歌在写法上藏着的秘诀。（引导归纳：反复与对比）

（3）生质疑。小结学生质疑。（预设："这究竟是为什么？"这句话为什么重复出现四次？是什么改变了美好的自然界？）

【设计意图：儿童对诗歌语言的视觉感知是直观的。诗歌中对比与反复的表现手法是很明显的，因此，让儿童在整体感知诗歌并正确朗读的前提下，静静地看着诗歌语言，发现诗歌写法的秘诀，直指诗歌的表现形式并质疑的做法，实属开门见山。】

二、享受春天的美好

1.在语言中享受美

（1）指名学生用诗歌中的语言填空，师板书表示颜色的词：（ ）的大海、（ ）的沙漠、（ ）的夜空、（ ）的草地。

（2）引导学生边读边想象画面，读词的同时感知节奏。

（3）找包括以上词语的诗句，边朗读边想象，感知春天的美好。

（4）采用不同的教学方式：想象说话，扣住"梦幻"这个词说话，角色体验，描绘欢乐画面。

2.用感官享受美

【设计意图：让儿童紧扣自然界中的色彩词想象画面，儿童乐此不疲。先让儿童感受诗歌语言的美，再播放视频让儿童感受自然界美丽的景色，儿

童完全陶醉并沉浸其中。随即播放一阵枪炮声，并让屏幕即刻变成黑屏，给儿童在感官上带来冲突体验。】

三、感悟战争的残酷

（1）引导学生朗读诗句，感知战争的残酷。指名找出第1—4节诗中描写战争画面的句子，相机理解"不速之客"。

（2）指名解疑"这究竟是为什么？"为何重复出现四次？理解反复写法的作用。

（3）师生合作朗读第1—4节，感受战争带来的不安宁。

（4）利用课外图片，感受战争的残酷。

（5）用对比的手法写一小节诗句，格式为"……本来……可是……"，师生朗读交流。

【设计意图：集中学习描写战争的句子，会让儿童在诗句的复现中感知战争带来的不安宁。图片的拓展再次揪人心肺，可以帮助儿童体验到战争的残酷。学到此时，解决课前疑问可谓水到渠成，尝试运用对比写法对学生而言也是信手拈来。】

四、祈盼和平、安宁

（1）指名朗读，并提问：用最简单的一句话说明我们祈盼什么。（板书：课桌 教室 鲜花）

（2）指名朗读，再次质疑祈盼内容的写法并让学生解决质疑，感知和平的重要性。

（3）集体配乐朗读。

（4）在背景音乐中出示阅读链接《儿童和平条约》，简要介绍作者高洪波，结课。

【设计意图：在认知冲突已经解决后，儿童要用朗读去呈现作者诗歌中蕴含的情感。中国的儿童也是世界的公民，应该了解《儿童和平条约》。】

傅世玉老师的课堂教学实录如下。

教学目标：

（1）了解诗歌的内容，体会诗歌表达的情感。

（2）感受并领悟反复这种表达强烈情感的语言表达方式。

（3）有感情地朗读课文。

一、谈话导入

师：今天，我们要学习当代诗人高洪波写的一首小诗。（生齐读课题）

师：春天，繁花似锦。在美丽的春天，你最想做什么？

生1：放飞风筝，也就是放飞我们的快乐。

生2：一家人在阳光下其乐融融，多么幸福。

师：这是多么快乐呀！在美丽的春天，我们随心所欲地欣赏绚丽的春色，无忧无虑地游戏玩耍，我们都在享受春天。可是，同学们，并不是世界上所有人都能和我们一样享受春天的快乐和温暖，我们走进小诗去看一看。

【设计意图：教师从学生的生活经验引入，唤起学生对春天的美好体验，并由此宕开一笔，将话题引入战争中的孩子的境遇，激起学生对"不能享受春天"的思考和阅读期待。】

二、整体感知"苦难"

师：你们课前预习过了吗？都读懂什么了？谁不能享受春天？他为什么不能享受春天？

生：战争让大自然中的一切生灵都不安宁。

师：真好，你们通过预习已经把握住了诗的主要内容。因为战争，大自然的安宁被打破了。同学们生活在和平年代，觉得战争离我们非常遥远。可事实上，现在很多国家和地区，还弥漫着战争的硝烟，我们的同龄人在生活中随处可见的就是坦克、大炮、地雷和炸弹，他们的生命时时遭受着死亡的威胁。这首诗描写的就是海湾战争的情景。你发现这首诗的表达形式有什么特点了吗？

生：前四小节的叙述结构相似，每一小节的前两句和后两句是对比着写的，最后发出了疑问。先讲海鸥等自然景物原来的生活十分美好，再讲战争让大自然不再安宁，最后发出疑问"这究竟是为什么"。

师：你太厉害了！有人说，内容人人看得见，但形式对大多数人来说却是个秘密。这首诗的语言表达秘密被你发现了，你真了不起！读懂了这么多，还有问题吗？

生1：为什么前四节的前四句要对比着写？

生2：为什么要重复四次提到"这究竟是为什么"？

师：你真会读书，发现了一个很有价值的问题。（生提其他问题，略）

师：你们真会思考，提出了这么有价值的两个问题，这节课我们就围绕着这两个问题来深入学习小诗。我们的课只有40分钟，不可能花时间解决每一个问题，有些问题比较简单，在学习的过程中自然就能理解；有些问题需要我们课外查找资料才能更好地解决；有些问题有一定的难度，我们就在课堂内重点解决。那我们就带着这些问题走进这首小诗吧。（生齐读）

师：读了诗，我们看到战争肆无忌惮地侵害着家园，诗的哪几个小节具体描写了战争带来的不安宁呢？

【设计意图：教学的起点在何处？应是学生困惑之处、谬误之处或见不到之处、不得要领之处，因而，教师在此环节先了解学生预习后已知的和未知的内容，这样在后续环节的教学中能有的放矢地给学生做进一步引导、启发乃至纠正、补充和阐发，从而真正讲到学生的疑惑处，讲到关键处，讲到深奥处，实现以学定教。】

三、想象研读"苦涩"

师：让我们先聚焦到第一小节。请大家反复读，边读边想：读了这一小节，你好像看到了怎样的画面？你的心情发生了怎样的变化？我们先请两位同学说。（生交流）

师：如果你们就是海鸥，在一望无际的大海上你们原本可以怎样生活？

生：自由自在、无忧无虑、快乐无比地生活。

师：把你们的快乐、幸福融入文字，读读头两行，自己先试一试。（指名读头两行）

师：这是一幅多么和谐安详的画面哪！可现在，战舰和水雷这些不速之客闯入了。知道什么是"不速之客"吗？就是没有邀请而自己来的客人。这里的"速"和我们平时理解的速度的速的意思不同，它表示邀请，它们不请自来。你看到自己的家园被搅得不得安宁，你想对战舰和水雷说出你的心声，千言万语只浓缩成了这一小节的最后一句。（生齐读）

师：看到自己的家园被毁了，把你们的伤心、难过、愤怒的情绪融入这一小节的最后三行文字中，读一读。（指名读）

师：千般悲伤、万种愤怒都融合在了这三行文字中，一起读。（生齐读）

师：当我们再想起原先快乐的生活时，我们的心情愈发沉痛。请你读第一小节。（指名读）

师：原本和谐与安宁的生活因为不速之客而消失得无影无踪，大海成了战场，可恶的战争夺走了海鸥的快乐，曾经的快乐被这些不速之客撕得粉碎。（生齐读）

师：第一小节总共只有37个字，我们却看到了两幅对比强烈的画面，也使我们的心情发生了巨大的变化。那你现在知道诗人为什么要这样对比着写吗？

生：更加突出强调战争给海鸥等大自然中的生灵带来了伤害。

师：这就是诗的语言，精炼却充满想象，简洁而富有情感。这样的对比，这样的变化，在第二到第四小节中，我们同样能感受到。请大家自由读读第二到第四小节，选择你最有感触的一小节反复读，像刚才读第一小节那样，边读边想：你好像看到了怎样的画面？你的心情发生了怎样的变化？并将自己的感受融入文字，有感情地朗读。（生自由读）

师：谁还愿意把你从第二小节看到的情景及体验到的情感读出来？（指名读）

生：蜥蜴和甲虫再也不能享受沙漠带给它们的快乐了。沙漠由昔日的天堂变成了战争的地狱。

师：夜空的宁静就这样被冰冷的导弹打破了。请把你读第三小节的感受读出来。（生读课文）

师：你们觉得他读得怎么样？（生交流略）

师：孩子们的欢声笑语在无情的地雷碎片前消失了。（指名读）

师：从你的朗读中，我感受到你由快乐变得愤怒。草地伤痕累累，不再是孩子们游戏的天堂。

【设计意图：本文的体裁是儿童诗，儿童诗本身有一些基本规律，其一便是它用意象来表达情感。在这首诗中，诗人选择了海鸥、蜥蜴、甲虫、星星、月亮、足球作为第一类意象，这些是孩子们在生活中亲近的、喜爱的事物，它们代表着和平；选择了战舰和水雷、坦克和大炮、导弹和地雷作为第二类意象，它们是坚硬的、冰冷的，与第一类意象形成非常强烈的对比，代表着战争。孩子的思维是诗性的。对孩子们来说，用诗的方式来读诗，所有的东西都可以借助想象拟人化。因而，在教学中，教师让孩子们在读每一小节时想象"你好像看到了怎样的画面？你的心情发生了怎样的变化"，将促使孩子真正进入想象，体验角色，真正融入诗中的情景，使教学在复活文字、感悟生命的同时，也点燃了每个孩子的诗意生命。】

四、比较品评"反复"

师：从茫茫的大海到辽阔的沙漠，从天上的夜空到地上的草坪，无处不弥漫着战争的硝烟，无处不诉说着战争的苦难。在战争的世界里，我们看到了一幅又一幅沉痛的画面。（生齐读课文）

师：这就是战争给大自然带来的伤害。同学们，在预习中我们已经发现（出示：这究竟是为什么？）这一句反复出现了四次。我们都知道文章的语言要简练，尤其是诗，因篇幅短小，更要惜字如金，那作者为什么要反复四次出现这样的追问而不是这样呢？（出示：只有一个问句的四小节诗）想一想，想好了可以和你的同桌交流交流。（指名回答，略）

师：原来，在一次又一次的追问中，作者传达的是对战争的困惑、厌恶甚至是抗议。另外，我们要注意的是，这是一首诗歌，在每一节的最后用同样的句子，读起来会更有节奏，更有韵律。来，让我们一起来感受这样的节奏以及诗人要传达的对战争的憎恨之情。每一小组分别读一小节的前四句，每一小节最后的问句由全班一起读。（生读课文）

【设计意图："这究竟是为什么？"这一语句的重复使用是本诗独特的语言现象，体会诗人在反复追问中所表达的强烈情感对学生来说并非易事。俗话说，有比较才有鉴别。在语文教学中，比较是一种行之有效、简单易行的办法。学生只有比较不同词语、不同句式、不同语序，才能发现课文中语言运用的妙处，品评语言的意蕴和情味，从而对语言和语境有所感悟。因而，在此环节中教师借助比较，引领学生深入体会诗人对战争的控诉和抗议，以使语言的魅力在比较中彰显，语言的生命活力在比较中熠熠生辉。】

五、诵读感悟"祈盼"

师：诗人用反复出现的问句强烈地表达了自己对战争的厌恶，那在第五小节诗人又是怎样表达自己强烈的愿望的呢？请你默读第五小节，找找最打动你的语句，画下来，想想你的感受。（生默读）

师："我们希望，我们祈盼"，连用两个"我们"使我们的期望更加强烈。"和我们一样"这是一种强烈的期盼，期盼饱受战争之苦的孩子们回到校园，享受春天的安宁与祥和。"一张课桌，平稳的课桌""一间教室，洁白的教室"。老师读这一小节的时候，被这两句话打动了，尤其是被"平稳""洁白"这两个词刺痛了心。那为什么要像这样对课桌、教室进行补充说明，而不是直接表达呢？（出示：让战火中的孩子有一张课桌，不被导弹的气浪掀翻！有一间教室，免遭炸弹的弹片击穿！）

师：平稳的课桌，洁白的教室，这是读书最起码的条件哪！这在我们看来是再普通不过的。可是，对战火中的孩子们来说，这些是何等珍贵呀！（出示图片、音乐：在战争中，炸弹随地开花，数不清的孩子不仅无家可归，还要承受身体的伤痛。男孩子被抓后，多数沦为童兵，被迫拿起与他年龄毫不相称的武器。即使有些孩子可以读书，可他们的教室却是那样破烂不堪。

132

孩子们的眼睛里没有快乐、没有希望，只有迷惘的泪水、痛苦的泪水……）

师：看着这一双双充满泪水的眼睛，我们希望，我们祈盼——（指名读）

师：看着这一双双诉说着伤害的眼睛，我们希望，我们祈盼——（指名读）

师：看着这一双双诉说着苦难的眼睛，我们希望，我们祈盼——（生齐读）

【设计意图：教师在句子的比较品评中，帮助学生体会"一张课桌，平稳的课桌"这种反复强调，以"小"（要求小）衬"强"（愿望强）的写法，使语文教学不仅关注学生对内容的理解，更关注言语的习得，同时也在比较中促使学生感悟到和平高于一切的道理。同时，让学生在同情和怜悯中倍加珍惜眼前的现实，认识到能在鲜花中读书和享受快乐的春光，能在绿茵场上踢一场足球，是多么的幸运和来之不易！】

六、抒写总结"祈盼"

师：善良的孩子们，你们还希望战火中的孩子们，或者诗人在前三小节中写到的战火中的海鸥、蜥蜴、甲虫、星星、月亮等大自然的一切生灵拥有什么呢？请你模仿第五小节写一写，注意用词的重复，以表达自己强烈的情感。如果你不愿意写希望，你也可以模仿前四小节写写战争给大自然中的其他事物带来的伤害。请在两个练习中选择一个：

［出示：

我们希望，我们祈盼——

（　　　　　　　　）

和我们一样享受春天……

（　　　　　　　　）

这究竟是为什么？］

（生自由写，师指名读）

师：温暖的家给我们带来了无限的快乐！快乐的童年是我们所有孩子的

向往。我想这是你的愿望，也是我的愿望，更是世界上所有渴望幸福快乐的人的愿望。让我们一起再回到海湾战场，一起祈盼，齐读整首诗。读完后，请你们挨个儿把自己的祈盼与希望读出来。（生齐读，个别读）

师：有了你们这些美好的祈盼，我相信这些处于战火中的孩子、海鸥、蜥蜴、甲虫等一切大自然的生灵，总有一天会摆脱战争，不再有伤害，不再有痛苦，他们会和我们一样享受春天。到那时，蔚蓝的大海，金黄的沙漠，美丽的夜空，绿茵茵的草地，所有美好的东西都会属于他们；到那时，他们会和我们一样享受春天。学到这里，你觉得享受春天就是享受什么？（板书：享受和平）享受永久的和平。

【设计意图：语文教学内容应以语言运用为主要价值取向。教师在引领学生理解体会"这究竟是为什么"反复出现四次以及第五小节反复强调这一言语现象的奥妙之后，设计了两个仿写片段，以达到一石二鸟之功效。这既是升华学生情感的必要步骤，又是对文章反复强调以表达强烈情感这一语言现象的迁移运用。此时，写话成了学生不吐不快的言语生命欲求，写因读中的感悟、感动而显得格外自然、真切。】

 总评

我采用对比的方法对两节课评价如下：

1. 从教学目标看，肖老师确定了三个教学目标：一是了解诗歌的结构，二是学习对比、反复的表现手法，三是有感情朗读诗歌。傅老师也确定了三个教学目标：一是了解诗的内容，二是学习反复的表达方法，三是有感情朗读诗歌。两位老师都注意了诗歌的表现手法，但肖老师还强化了诗歌的结构形式，这对诗歌教学是更有意义的。

2. 从教学结构看，肖老师的课堂板块是：整体感知内容 —— 享受春天的美好 —— 感悟战争的残酷 —— 祈盼和平、安宁。傅老师的课堂板块是：整体感知"苦难" —— 想象研读"苦涩" —— 比较品评"反复" —— 诵读感悟"祈盼"。两位老师都注意了对诗歌的整体感知，进行了"春天美好"和"战争残酷"的对比学习。诗歌教学的重要策略是多整合、少分析。

3. 从教学重点看，肖老师把重点放在前四小节，而傅老师把重点放在最后一小节。这反映了两种不同的教学设计思路：前者侧重战争，后者侧重和平。从本篇诗歌的教学理念看，应通过对战争残酷的感受，倍感和平的珍贵。聚焦战争是上策。

4. 从教学特色看，肖老师的课以训练为主，傅老师的课以感悟为主。应倡导以诗的方式教诗，例如，探讨诗歌格式相近、节奏押韵、语言简短、形象感人、对比反复等特点。

5. 从诗意理解看，肖老师的做法是：借助视频理解、相机理解"不速之客"、增加作者简介帮助理解等。傅老师除了借助画面理解外，还创设"意象"帮助学生理解。这些措施都是行之有效的。建议再补充《儿童和平条约》的资料，对课题也可进一步分解。课题有两层意思：一是"享受春天"，二是"和我们一样"。

6. 从诗的语言学习看，肖老师主要设计了以下五个训练项目：（1）词组：____的____。（2）格式：……本来……可是……（3）反复句：这究竟是为什么？（4）补充说明法：平稳的课桌、洁白的教室。（5）写话：……本来……可是……

傅老师安排了三项训练：（1）反复句：这究竟是为什么？（2）补充说明法：平稳的课桌、洁白的教室。（3）仿写最后一小节。要注意教学重点要从以诗的内容为主转向以诗的表达形式为主，还可以引导学生理解诗最后的省略号。

7. 从诗的朗读看，肖老师的课中有配乐朗读、特殊分组朗读（读诗的前四小节很有特色：女生读前两句，男生读后两句，老师读最后一句）。傅老师安排了配乐朗读、多种形式读（读中理解，读中感悟）、分两组读前四小节等形式。建议用诵读的方法读诗歌，并安排诗歌背诵比赛。

8. 从诗的意境看，肖老师紧扣反复句"这究竟是为什么"引导学生感悟意境。傅老师则是在朗读、品评、想象中让学生渐入意境。建议紧扣反复句，紧扣反复句教学的好处多多：一是把本课的重点放在战争上，让学生在感悟战争的残酷性的同时体会和平安宁的必要性，不空谈、泛谈和平；二是进行了语言性和人文性的整合：既是重复的语言表达方式，又是对问题的人文思考；三是体现了"诗味"：意境贵在感悟而不宜直言，这句话不只是疑问更有反问、反思。据此，还可以引领学生修改课题，把题目改为"这究竟是为什么"。

/2012年12月点评/

学材：从教向学的华丽转身
——《扁鹊治病》点评

[执 教 者] 浙江省杭州绿城育华小学／曾水清
[教材课文] 人教版课标本四年级下册

扁鹊治病

春秋时期，有一个名医叫扁鹊。一天，他去拜见蔡桓公。

扁鹊在蔡桓公身边站了一会儿，说："大王，据我看来，您皮肤上有点小病。要不治，恐怕会向体内发展。"蔡桓公毫不在意地说："我的身体很好，什么病也没有。"扁鹊走后，蔡桓公对左右的人说："医生总喜欢给没有病的人治病，以便邀功请赏。"

过了十来天，扁鹊又来拜见蔡桓公，说道："您的病已经发展到皮肉之间了，要不治还会加深。"蔡桓公假装没听见，没有理睬他。扁鹊只好退了出去。

十来天后，扁鹊再一次来拜见，对蔡桓公说："您的病已经发展到肠胃里，再不治会更加严重。"蔡桓公听了满脸不高兴。扁鹊连忙退了出来。

又过了十几天，扁鹊老远望见蔡桓公，立刻掉头就跑。蔡桓公觉得奇怪，派人去问原因。扁鹊解释道："病在皮肤，用热水敷烫就能够治好；发展到皮肉之间，用针灸的方法可以治好；即使发展到肠胃里，服几剂汤药也还能治好；一旦深入骨髓，只能等死，医生再也无能为力了。现在大王的病已经深入骨髓，所以我不再请求给他医治！"

五天以后，蔡桓公浑身疼痛，派人去请扁鹊给他治病。扁鹊早知道蔡桓公要来找他，几天前就跑到秦国去了。不久，蔡桓公病死了。

教学实录与点评

一、独学后质疑

【点评 1：知识是学生自己学会的。学材非常关注学生的"独学"和"质疑"，旨在培养学生主动学习和自主质疑能力。】

1. 自己批注课文

【点评 2：学习从做批注开始。不动笔墨不读书，教师应培养学生养成批注的良好习惯。】

2. 自己阅读材料

（1）《扁鹊治病》原文为文言文，选自《韩非子·喻老》。

（2）作者为韩非（约公元前 280 年—公元前 233 年），是战国末期思想家，法家最重要的代表人物。《滥竽充数》《郑人买履》《老马识途》《买椟还珠》等脍炙人口的寓言故事都是他的作品。

【点评 3：学习基于背景知识的展开。让学生了解文章的背景知识、作者及有关材料等，有利于学生走入文本，与文本直接对话。】

3. 自己尝试学词

（1）字音字义。

①鹊（què）：喜鹊，鸟名。

②蔡（cài）：周代诸侯国名，在今河南省上蔡、新蔡一带。

③睬（cǎi）：理会，搭理。

④烫（tàng）：皮肤接触温度高的物体感觉疼痛或受伤。

⑤汤（tāng）：煮东西的汁液；热水。

⑥剂（jì）：用于若干味药配合起来的汤药。

（2）词语解释。

①扁鹊：（公元前407年—公元前310年）原名秦缓，字越人，号卢医，今河北省沧州市任丘市人，春秋战国时期名医，曾带领弟子在赵国、齐国、秦国等多国行医，救死扶伤，治好了很多病人，所以人们就借用了上古神话中黄帝时期神医扁鹊的名号来称呼他。后人经常用"扁鹊再世""扁鹊重生"等词来赞美医生的医术高超和医德高尚。

②蔡桓（huán）公：战国时诸侯国蔡国国君，又叫田齐桓公，原名田午。

③拜见：拜会，会见（一般是从客人方面来说）。

④左右的人：身边的人。从蔡桓公的角度来说，一般是指他身边的大臣和亲信。

⑤退了出去：离开某种场合。

⑥敷烫：古代的一种治病方法，指用加热的毛巾或别的东西热敷在患病的地方，祛除病症。现在仍然有用冷毛巾敷在额头上加快发烧的病人散热退烧的治疗方式，这是冷敷。

⑦扎针：中医的一种特殊治疗方法，指医生用针具（通常用银针，这样可以防毒）刺入患者穴位的一种治病方法。

⑧骨髓（suǐ）：充满在骨头里的像胶的物质。

【点评4：学习词语是阅读的基础。教师把重点词语的音、形、义呈现出来，让学生有选择性地自主学习，使学习变得灵动而有效。】

4. 自己主动质疑

【点评5：学习贵在有疑。留给学生提出疑问的空间，目的是让学生在自学的基础上把疑问表达出来，便于教师了解学生真实的学习起点。】

二、导学后练习

1. 指导方法

（1）导一导。在下面一段话中，将扁鹊说病症、说后果的词语和表明蔡桓公态度的词语，用横线标出来。

扁鹊在蔡桓公身边站了一会儿，说："大王，据我看来，您皮肤上有点小病。要不治，恐怕会向体内发展。"蔡桓公毫不在意地说："我的身体很好，什么病也没有。"扁鹊走后，蔡桓公对左右的人说："医生总喜欢给没有病的人治病，以便邀功请赏。"

（2）说一说。先将关键词找出来，有些可以直接摘录，有些需要连一连，就能写出主要内容了：皮肤有小病、不治会发展、毫不在意。

（3）练一练。

过了十来天，扁鹊又来拜见蔡桓公，说道："您的病已经发展到皮肉之间了，要不治还会加深。"蔡桓公听了很不高兴，没有理睬他。扁鹊又退了出去。

（4）我找到的词语是：＿＿＿＿＿＿＿＿＿＿

【点评6：课堂学习重在方法习得。教师通过对课文重点句段的学习，指导学生学习一种方法。一课学一法，简约而高效。】

2.巩固方法

先默读课文，然后一边读，一边将下面图中的空格填写好，写完后，和同桌交流。

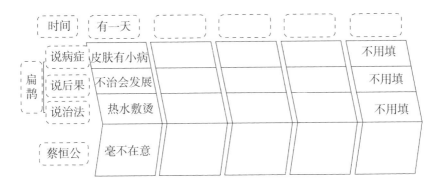

【点评7：图解学习是一种好方法。图表既能概览全局，又能突出重点。鱼骨图式的结构梳理法，让学生在例子中学会梳理关键词。学生填完鱼骨图中的空格后，自然就梳理了课文的内容，也明确了故事的构篇框架，同时明确了文章以时间、事情发展为顺序的表达脉络。】

3.交流方法

小组交流 —— 推荐代表到全班交流，学生互相评价 —— 教师导学。

三、互学后展示

1. 互学后交流

（1）学生选择其中一节的框架内容，练习复述。

（2）互学互展，练习复述。

2. 群学展评

全班展示，互相评价。

【点评8：小学生的学习是一种表现性学习。交流、展示对学习具有积极作用。更有意义的是，让学生参与评价，使学生的能力得到进一步提升。】

3. 学习整理

（1）填写寓意，回扣疑问。

读了这篇文章，我明白了一个道理："如果生病了，要_____，不要___。"（写完后，可以查一下后面的参考答案）

参考答案：

读了这篇文章，我明白了一个道理："如果生病了，要**防微杜渐**，不要**讳疾忌医**。"

【防微杜渐】防：提防，防止；微：事物的苗头；杜：杜绝，堵塞；渐：事物发展的开端。比喻在错误或坏事萌芽的时候及时制止，不让它发展。

【讳疾忌医】讳：忌讳；疾：疾病。隐瞒疾病，不愿医治。比喻掩饰自己的缺点和错误，不愿改正。

（2）故事复述的标准参考。

星级	标准	我做小评委
☆	故事情节基本完整。	
☆	从声音中能分清人物角色。	
☆	人物语言符合人物身份。	我认为可以得（ ）☆，同学评我（ ）。
☆	有简单的动作辅助。	
☆	能创造性地讲故事，逼真再现故事场景。	

【点评 9：为了更准确地表达寓意和复述，学材呈现了参考答案，意图有二：一是引导学生学习防微杜渐、讳疾忌医这两个新词语；二是出示复述故事的星级标准，引导学生不断提升复述水平。】

 总评

使用此学案要做三点说明：

1.学材不同于教材。教材为教师所用，学材则为学生所用。教材体现教师的讲授内容，学材则体现学生的学习内容。

2.学材不同于学案。两者有相同的地方，但是，学案是配合教案使用的，而学材是学生相对独立的学习内容的布设。

3.学材不同于学单。学单在某种意义上是课堂练习题，而学材包含了学单以外更丰富的学习内容。学材是学生在课堂学习整个过程中的全部学习凭借，是学生学习过程的真实记录。

初始之物，其形必陋。然而，星星之火，可以燎原。我们期待着！

/ 2015年4月点评 /

指导学生读书的思想方法
——《海蒂》点评

[执 教 者] 浙江省杭州绿城育华翡翠城学校 / 方建兰

 教学实录与点评

作品简介：

世界名著《海蒂》是瑞士女作家约翰娜·斯必丽创作的。作者通过许多真实感人的生活故事和恰到好处的艺术细节描写，成功地塑造了一个天真烂漫、心地善良的小姑娘海蒂这一人物形象。作者还以生动的笔触描绘了阿尔卑斯山多姿多彩的自然风光、朴实敦厚的风土人情，向读者展示了一幅幅美好的阿尔卑斯山的风情画卷，令人回味无穷。

设计理念：

（1）指导学生读一整本书。导读课不仅要导读一篇篇文章，而且要逐步导读整本书。根据建构主义思想，本课着力建立一种导读整本书的"支架"式导读模式。

（2）指导学生读书的思想方法。导读课不仅要导读文章的内容、情节，而且要加强对读书思想方法的渗透。根据现代教学论思想，本课着力于指导学生学会阅读整本书的习惯和方法。

导读目标：

(1) 在阅读《海蒂》中学会读整本书的一般模式。

(2) 在阅读中，学会交流、分享、思考与做笔记，培养阅读的习惯和方法。

一、聊读：导入读书课堂

师：（出示：读一本完整的书）课堂上有几位读者？（板书：读者。学生是读者，老师也是读者。）

师：（出示：《海蒂》）我们一起读这本书吧，一起交流读书的体会。

【点评1：在导读课上，教师和学生共读一本书，教师也是读者。教师这样做既营造了一个宽松的读书氛围，又传递了师生平等的教学理念。】

二、翻阅：引发阅读期待

师：拿到一本书后，要仔细看看封面能带给我们哪些信息。

生：书名：海蒂；出版社：上海人民美术出版社。

师：你还读到什么？猜猜封面上的人物是谁？

生1：是一个可爱的小女孩。

生2：是一个善良的小女孩。

生3：是海蒂。

师：书名就是以海蒂的名字命名的。看到封面你还会想到些什么？（生答略）

师：这本书属于文学类还是非文学类？你是怎么知道的？

生：封面上写了"世界文学名著宝库"。

（师简略说明《海蒂》的多种版本，如注音彩绘本、青少版……）

师：这本书的作者是谁呢？看书脊，上面写着"【瑞士】约翰娜·斯必丽原著，改写巍然"。外国作品在我国出版需要翻译成中文，并注上译者，这本书是巍然改写的。瑞士女作家约翰娜·斯必丽（1827—1901）很喜欢给孩子们写故事，《海蒂》是她的一部经典之作。书出版至今已过百年，以35种语言在50多个国家发行了5000多万册，先后被拍成电影和电视剧，制作成动画片。前勒口介绍了故事的主要内容，有的书会在这个位置介绍作者。读读封底，看看你又发现了什么？（生答略）

师：（小结）当我们信手拿起一本好书的时候，先不要急于打开它，应该先美美地翻阅书的封面与封底，获得一些相关信息，再打开书的时候，你阅读的心情和期待就不同了。（出示：读一本书应先读封面和封底）

【点评2：教师指导学生读一本书，先不要急于打开书，而是先翻阅封面与封底，一是了解一本书的构成，二是封面与封底呈现了与书的内容有关的信息。这是指导阅读一本完整的书所必不可少的环节。当然，教师在具体指导的过程中，指导的内容可以根据不同的书籍以及不同年龄的学生有所侧重。指导的方法还可以更灵活、生动、有趣些。】

三、浏览：了解书的相关体例

师：打开封面，印着书名、作者名和出版社名等内容的这一页叫扉页。接着是前言或序，有的是编者或作者写的，有的是作者请人写的。猜猜看，编者一般会告诉我们些什么呢？

生：书的主要内容和推荐给读者阅读的话。

师：你曾浏览过书的目录吗？目录有什么用？（出示：目录）

一　回到阿尔姆叔叔身边

二　在爷爷的家里

三　在牧场上

四　在老奶奶家里

五　离开了爷爷

六　到了埃斯曼先生的家

…………

（生答略）

师：你会从目录中挑选自己最感兴趣的内容，先睹为快。（小结）浏览前言和目录，小朋友可以了解整本书的主要内容及故事的排列等，这对读整本书很有好处。因此——（出示：读一本书要读前言和目录）

【点评3：前言和目录是一本书的重要组成部分。前言是对一本书主要内容的概述，目录是一本书的章节标题。教师引导学生运用浏览的方法进行阅读，能迅速了解作者的写作意图和书的内容梗概，对学生阅读主体内容有帮助，起提纲挈领的作用。】

四、速读：与文本对话

师：（出示：读一本书要有方法：速读和做笔记）快速阅读这本书第123—125页，海蒂从埃斯曼先生家重返爷爷身边的情景。速读要领提示：要用眼睛读，不要出声读；要整句话整段文字读，不要一个字一个词读；眼停留的次数要少，注意力不要分散。时间：3分钟。

【点评4：教师在课前阅读的基础上，选取让师生印象最深刻的部分内容，指导学生快速阅读。速读训练前提示了"三要三不要"的方法要领，并保证速读的时间，这样的指导扎实、有效。】

师：你感受到海蒂的开心了吗？

生：感受到了。海蒂回到爷爷身边，回到美丽的牧场，回到热爱着的大自然，那里流淌着浓浓的亲情、乡情。

师：老师还要求小朋友们边读书边做摘记卡，你是怎么做笔记的？（指名介绍做笔记的方法，结合学生制作的摘记卡，展示交流）

【点评5：导读课重在方法指导。教师适时安排读书摘记卡的展示交流环节，重在引导学生欣赏同伴的优秀做法，取长补短，相互学习。教师传递给学生一个重要的信号：读书不仅要用眼读，用耳读，还要用笔读。】

五、赏读：促进阅读感悟

师：一个人读书和很多人在一起读书的体验是不一样的。（出示：读一本书要学会与人分享）

师：现在我们做个竞猜游戏。老师说书中人物的特点，请小朋友猜猜他是谁。[依次说出阿尔姆大叔（爷爷）、彼得、克拉拉、女管家罗丹梅尔、埃斯曼奶奶、海蒂的特点，让学生猜]

师：《海蒂》是一个与阿尔卑斯山同样美丽的故事。自幼失去父母的小女孩海蒂被姨妈送到了阿尔卑斯山上的爷爷家。她的纯真、善良温暖了爷爷孤僻、冷漠的心，她的热情、开朗温暖了彼得家破旧、寒冷的小屋…… 一个个感人至深、耐人寻味的故事在书中闪现，在我们心中激荡。让我们一起来分享交流。

生1：第40—43页，海蒂去彼得家做客、看望老奶奶，回家后央求爷爷给彼得家修房子。

生2：第81页，海蒂在埃斯曼家为老奶奶藏面包。

生3：第93—94页，小小年纪的海蒂为了不被人说自己忘恩负义，强忍着不把渴望回家的心思告诉任何人。

生4：第120页，海蒂回到家乡看望彼得老奶奶，给奶奶带了好多新鲜的面包。

生5：第200—201页，海蒂爷爷悉心照顾克拉拉，使克拉拉奇迹般地站了起来。

…………

师：你喜欢的片段是哪段？请同学们说说。

生6：第170页，海蒂很有耐心也很有办法地教彼得读书记字母。这段描写很有趣。

生7：第98—99页，海蒂痛苦地思念着家乡的爷爷、老奶奶，以至于得了思乡病。这段描写让我很感动。

【点评6：交流与分享读书的乐趣、心得、困惑以及相关联的信息是学生最感兴趣的环节，也是符合小学生阅读心理需求的环节。教师善于创设平台，让学生积极参与讨论、分享、展示，很好地激发了学生的阅读热情。】

师：老师朗读自己最喜欢的一段描写（配乐）——选自第三章"在牧场上"第21—22页，描写了阿尔卑斯山上花草的美丽，展现了海蒂热情、活泼、热爱生活的性情。

【点评7：教师既是导师也是读者。教师参与其中，给学生做了读书示范，起到"此时无声胜有声"的作用。】

师：书中像这样的笔触、这样的描写还有很多，都描绘了阿尔卑斯山多姿多彩的自然风光，向我们展现了一幅幅美丽的画卷。这也是《海蒂》这本书的一个特点。这本书的感染力实在太强了，如果你没有读完这本书，希望课外继续美美地阅读它、感受它。现在我们总结回顾一下读一本书的方法。

（1）读一本书应先读封面和封底；

（2）读一本书要读前言和目录；

（3）读一本书要有方法：速读和做笔记；

（4）读一本书要学会与人分享。

【点评8：结束时，教师将本节课的读书方法进行回顾强化，授之以渔，意在让学生在课后的自主阅读中加以运用，养成良好的读书习惯。】

本课板书：

翻阅　　读者

浏览　　作者

速读　　编者

笔读　　译者

赏读　　改写者

…………

【点评9：板书提示学生的是：读书有方法，且有多种方法；书是作者、编者等人创作、劳动的结果，好书需要读者用心去读。】

 总评

教师指导学生读一本完整的书，这是新时期提出的新要求。这个课例为整本书阅读的导读课提供了一个很好的范例。

1. 这是一堂学生自己读书的课。读书课要把学生投入读书的海洋之中。在本课例中，教师在课前布置学生自主阅读《海蒂》并做摘记（笔记），课始翻阅、猜读相关信息，课中浏览、速读印象深刻的内容片段，生生、师生讨论、分享交流书中有趣的情节、语言和人物等，学生都是手不离书，认书、猜书、读书、想书、聊书、听书贯穿始终，尽情地展现了学生自己读书的活动过程。

2. 这是一堂教师指导读书方法的课。本课的设计采用支架式结构，教师提示学生读一本完整的书应"读封面与封底""读前言和目录""要有方法：速读和做笔记"" 要学会与人分享"。很好地构建了导读课的整体框架，呈现了导读课的基本轨迹，凸显了教师对学生在读书思想方法上的指导。

3. 这是一堂教师指导学生读书的课。在导读课上，教师不是将读书方法一味地灌输给学生，而是让学生从读书的体验中获得，从读书的实践中体会，从富有情趣、情感意味的师生共读一本书的活动中提炼并运用，很好地发挥了教师在指导学生读书过程中"导"的作用。更为可贵的是，自始至终方老师作为一个读者参与整本书的阅读过程，与学生一起读，一起成长，师生共读，读导结合，课堂成为一个民主、和谐、愉悦的"读书场"。这是一种新型的"学习共同体"。

／2010年10月点评／

站在儿童的立场教学童诗
——"写童诗"点评

[执 教 者] 浙江省永康市实验学校特级教师／倪静川

教学实录与点评

教学目标：

（1）初步认识儿童诗，了解儿童诗的表达形式。

（2）初步感受儿童诗的美，提高感受美、鉴赏美、创造美的能力。

（3）激发想象力，学着用诗歌的形式表达情感。

【点评1：教学目标的设定合理。一是定位较准确。"初步认识""了解""初步感受""学着"等关键词将目标定位在启蒙上。教师指导孩子们读诗、赏诗、写诗，并不是要让孩子们成为诗人，只是引导孩子们在习作起步阶段，学会用诗意的眼睛去观察、思考、想象，学着用诗的思维视角记录思维轨迹。二是指向较集中。传统的作文教学启蒙，往往只重技法，而忽视对孩子心智的开发。从本课的目标设定中可以明显感受到教师对孩子生命体验、审美熏陶、思维启蒙的关注。】

一、读一读，说一说，聆听诗的声音

1. 说圆

师：（画一个圆）看到这个圆，你会想到什么？

生：小鱼吐的泡泡、太阳、月亮、数学里的0、气球、车轮……

【点评2：借助图画引发想象。小学生最宝贵的心理品质是想象力，而图画是学生从原有认知到创造性想象之间的美丽桥梁。用图画唤起学生原有的生活体验，刺激学生展开丰富的想象，达到了良好的热身效果。】

2.读诗，感受诗歌想象的奇妙

师：恭喜你们，具备了诗人优秀的品质——丰富的想象力！有一位小诗人，看到了这个圆，就在下面添了一条线，写下了这样一首小诗。（出示）

夕 阳

夕阳是一个苹果，

黑夜是贪吃鬼。

一口就把夕阳

吃掉。

师：请你自由地读一读，读完说一说，有什么感受？或者有什么地方打动了你？

生：很好玩，把黑夜比作贪吃鬼的想象很奇特……

师：你发现这首小诗与一般的文章或古诗相比，有什么不一样？

生：一句一行，每行字数不一样；充满想象，非常有趣……

【点评3：引课巧妙。《夕阳》是基于圆的思维产物，想象新颖、有趣，是对学生进行思维视角启蒙很好的载体。《夕阳》这首诗质朴、稚拙，一开始就深深地吸引了学生，让他们对儿童诗产生了浓厚的兴趣。】

3.赏诗，感受诗歌想象的贴切

师：你们很有眼光，很会发现诗歌的美妙之处！请看，另一位诗人看到这个圆，也在圆下加了一笔，写下了这样一首小诗。（出示）

太阳喝醉酒

太阳喝醉酒，

不小心撞到山头，

就倒在山头后面。

于是，

黑夜就出现了。

师：自己去读一读，你发现这首小诗中的夕阳又变成了什么？这样的想象妙在何处？

生：很有趣，把太阳当作醉汉想象力很丰富，把红彤彤的夕阳比作醉汉很恰当……

师：根据自己的体会用自己的方式把诗读给大家听，比一比，谁的读法最吸引人。（生读诗）

【点评4：《太阳喝醉酒》这首诗的教学别具匠心。第一，这首诗的选材本身就是学生同题材发散性思维的良好范例。同样是写夕阳，但想象角度却截然不同。第二，教师的教学没有在同一层面上平移，而在感受想象奇妙的基础上，引导学生感受想象的贴切和恰当。第三，教师交给学生一把打开儿童诗言语奥妙的钥匙。儿童诗可以有多种读法，只要学生能自圆其说，依着各自的理解读，反而更能读出儿童诗真正的趣味。】

师：两首小诗，短短的几行字，无拘无束，都充满了奇妙的想象。（板书：想象）这就是儿童诗的无穷魅力。难怪有人说儿童诗是快乐的思维舞蹈。

二、猜一猜，试一试，感受诗的美妙

1.给诗填白感受童趣

师：让我们一起跳跳这快乐的思维舞蹈。请看，这是第三位诗人的作品，他由圆想到了什么呢？请看 ——（出示，师读）

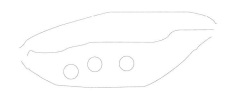

不学写字有坏处

小虫写信给蚂蚁，

他在叶子上咬了三个洞，

表示□□□。

蚂蚁收到他的信，

也在叶子上咬了三个洞，

表示□□□。

小虫不知道蚂蚁的意思，

蚂蚁不知道小虫的想念，

怎么办呢？

师：听完之后，你有什么感受？

生：很有意思，非常有趣……

师：（板书：有趣）请你猜猜看，小虫和蚂蚁分别说了什么？

生1：小虫说"你好哇"，蚂蚁说"你好哇"。

生2：小虫说"我病了"，蚂蚁说"我帮你"。

生3：小虫说"在干啥"，蚂蚁说"在搬家"。

【点评5：猜测阅读是儿童诗阅读教学的常用策略。在猜测阅读中，孩子可以真真切切地感受到儿童诗的"意想不到"，而儿童诗独特的思维和情感，也就在不经意间和孩子们有了第一次亲密接触。】

2. 给诗补尾放飞想象

师：真的很有意思，让我们继续跳这快乐的舞蹈。请看第四个诗人，他由圆想到了蛋。他是这样写的。（出示）

蛋

这个皮球不圆嘛！

也可以滚吧？

滚呀滚……

"啪嗒"。

师：啪嗒，发生什么事了？

生：蛋破了，从里面蹦出一只小鸡；从里面跑出一只小恐龙；从里面滚出了许多黄金；从里面跑出了一个个小太阳……

师：你们的想象真神奇，把你的答案放到诗里，一首有趣的诗就诞生了！快把自己的想象放进去读一读。

【点评6：给诗歌补尾是儿童诗从欣赏到写作的有效过渡方式。想象是诗歌创作的不竭源泉，给诗补尾的方式能很好地激活学生的想象。】

3.给诗命题品味真情

师：不一样的想象，不一样的答案，就创造了一首首奇妙而有趣的诗篇。老师想说，从蛋里跑出来的是一个个小诗人。让我们继续创造奇迹，请看第五个诗人的作品。在他的眼里，圆又变成了什么呢？（出示）

梦中，
我把小手伸出来，
让它透透气。

梦中，
我把小脚踢出来，
让它散散步。

梦中，
我把小屁股钻出来，
让它乘乘凉。

梦中，
我一个喷嚏，

吓得妈妈跳了起来，

惊醒了。

看着我的睡相，

妈妈心疼得把我的小手、小脚、小屁股，

一个一个藏进暖融融的被窝。

于是，

香甜的梦又开始了。

师：我们请一位同学读诗，其他小朋友闭上眼睛一起走进梦中，待会儿和大家分享一下你心里的感受。（生读诗）

生：心里暖暖的，这首诗很感人，诗里满满的都是爱……

师：儿童诗是充满想象的，是非常有趣的，还是充满真情的。这是儿童诗的又一大特点。（板书：充满真情）读读让你感到特别温暖的那一句，然后给这首温暖的小诗加个题目。

生：梦中、香甜的梦、暖暖的梦……

【点评7：体验是诗歌教学的有效策略。诗歌讲究含蓄、跳跃，所以其中的一些意象、情感并不容易为学生直接感知。在本教学环节中，教师通过创设简简单单的情境，将抽象的意境具象化，学生很自然地就把诗中的孩子转换成自己，体验唤醒了，情感也就有了。】

4.给诗加腰体会形式

师：第六位小诗人说，看到这个圆，他想到了眼睛。于是，他写道——（出示）

眼　睛

星星是天空的眼睛，

（　　）是大地的眼睛，

（　　）是（　　　）的眼睛。

师：谁来照着样子写几句？

生1：池塘是大地的眼睛。

生2：窗户是高楼的眼睛。

生3：小朋友是祖国的眼睛……（师现场记录学生的经典发言）

【点评8：模仿是儿童诗读写的纽带。这首诗选择的是诗歌比较经典的结构和句式。这样的选材和设计降低了写诗的难度，消除了学生的畏惧心理，符合由易到难、由扶到放的原则。有了范本的依托，教师引导学生进行观察视角和表达方法的迁移就比较容易。】

5.给诗排序感受诗韵

师：你一句，我一句，连起来就是一首诗了。不过，好诗用词用句都很讲究，包括诗句的先后顺序。让我们一起给刚才大家创作的诗句排排队，让诗变得更优美。（师生一起尝试排序，略）

师：好诗是写出来、改出来、反复推敲出来的，还是用心读出来的。让我们一起用心读一读我们一起创作、修改的诗！（生齐读）

【点评9：教学无痕是一种境界。这个环节有两处设计不露痕迹：一是不露痕迹地渗透了诗歌的结构、韵律等方面的知识，二是不露痕迹地渗透了诗歌修改的方法。让这些只可意会不可言传的奥妙不露痕迹地渗透在有趣的"诗句排排队"中，可谓"无痕而有效"。】

6.给诗点睛提炼诗眼（机动环节）

师：老师还想给诗歌加一句，你们也帮我想一想。奶奶年纪大了，看东西越来越模糊了，谁可以帮帮奶奶，做奶奶的眼睛？

生：我是奶奶的眼睛、少先队员是奶奶的眼睛……

师：多了这一句之后，这首诗就多了温情，充满哲理，引人深思，给人启迪，就像人拥有了灵魂。这样，诗就达到了更高的境界。能干的小朋友也可以试一试。

三、画一画，写一写，品尝诗的味道

师：此刻，在你的眼里，这个圆又是什么呢？接下来，老师送给每位小朋友一对"想象的翅膀"。（发裁成蝴蝶形状的作业纸）请你在翅膀的左边，画出你想把圆变成的东西；在翅膀的右边，把画变成诗。你可以有三种选择：一是续写前面几首小诗中的一首，二是仿写前面几首小诗中的一首，三是自由创作。（生自由选择创作，师巡回指导，随机点拨）

四、贴一贴，赏一赏，种下诗的种子

1. 展示、分享

师：请已经完成创作的小诗人反复朗读、修改作品，请愿意与大家分享的小朋友带上"翅膀"飞上来。（将学生作品用小磁片贴在黑板下方）

2. 交流、评价

师：请小诗人用心地把自己的作品念给大家听，其他小朋友当大众评委。如果大家认为该诗具备了黑板上的三点：有想象、有趣、充满真情，作者就可获得彩色"翅膀"一对！（每位作者到讲台上念自己的作品，师生共同修改、评价，优秀作品"飞"到黑板上方，作者被奖励彩色"翅膀"一对）

【点评10：培养学生发表习作的意识、读者意识很有必要。教师及时地创设一个交流、分享的平台，让学生从小有发表意识、读者意识，让他们明白作文是表达思想、情感的载体，是交流的工具。这样的做法非常值得肯定。】

师：（指着满黑板飞翔的"翅膀"）孩子们，这节课，我们张开想象的翅膀，在诗的王国里遨游。老师希望，今后大家就用这双想象的翅膀创造出更多动人的诗篇。

总评

本课很好地关注了儿童的特点、儿童诗的特点，是指向思维和想象发展的儿童习作启蒙的成功尝试。这节课可以引发更长远的思索。

1. 儿童诗教学的意义。相对于其他文学形式而言，儿童诗是最富有想象力的。教学中，诗歌的欣赏与创作过程就是一次有创意的旅行，可以充分激活学生的想象力，促进其创造性思维的发展。同时，儿童诗短小、精致、富有趣味，与学生的心灵、情感、思维方式、表达方式非常接近，因此，儿童诗是最适合小学生的语言启蒙教材之一。

2. 儿童诗教学的程序。本课精心设计了读诗、赏诗、仿诗三个环节，使学生对儿童诗的形式、语言、音韵、节奏等都有所了解。这时，写作已经成为水到渠成的事情。整节课，从儿童诗的赏读到仿写、创作，"一圆"贯穿始终。赏读、填白、补尾、命题、加腰、排序、点睛、创作，"圆圆相扣"，巧妙地构起了儿童诗读写比较完整、规范的序列。

3. 儿童诗教学的策略。本课教学设计至少有四个策略值得关注：(1)给学生一个载体 —— 圆，让他们的想象有所依托；(2)给学生一个刺激 —— "翅膀"，让他们有自我言说的冲动；(3)给学生一种方法 —— 写绘，先用图画记录思维的痕迹，再将画变成诗，这样，"童思""童画""童诗"便成了三股相互推动的正能量；(4)给学生一个台阶 —— 分层，正视学生的差异，让他们自主选择。

4. 儿童诗教学的特质。诗贵想象，儿童诗教学要在想象上下功夫。著名儿童诗人圣野说，没有翅膀就没有鸟，没有想象就没有诗。没有美丽的想象，诗就飞翔不起来。这节课的开端、过程和结尾，都把想象贯穿其中。相信，教师用想象播种，定能听到儿童诗花开的声音。

/ 2013年10月点评 /

对第三学段课的点评

第三学段语文课的理想样式

◎ 关注学生良好语文学习情感、态度、意义的培养

◎ 重点进行文章结构、语段、层次、读与写的教学

◎ 渗透语文学习主体地位、问题意识、文化的解读

说明文教学策略的智慧探索

——《松鼠》点评

[执 教 者] 浙江省杭州绿城育华小学/曾水清

[教材课文] 人教版课标本五年级上册

松 鼠

布封

松鼠是一种漂亮的小动物,乖巧,驯良,很讨人喜欢。它们虽然有时也捕捉鸟雀,却不是肉食动物,常吃的是杏仁、榛子、榉实和橡栗。它们面容清秀,眼睛闪闪发光,身体矫健,四肢轻快,非常敏捷,非常机警。玲珑的小面孔,衬上一条帽缨形的美丽尾巴,显得格外漂亮。尾巴老是翘起来,一直翘到头上,自己就躲在尾巴底下歇凉。它们常常直竖着身子坐着,像人们用手一样,用前爪往嘴里送东西吃。可以说,松鼠最不像四足兽了。

松鼠不躲藏在地底下,经常在高处活动,像飞鸟一样住在树顶上,满树林里跑,从这棵树跳到那棵树。它们在树上做窝,摘果实,喝露水,只有树被风刮得太厉害了,才到地上来。在平原地区是很少看到松鼠的。它们不接近人的住宅,也不待在小树丛里,只喜欢住在高大的老树上。在晴朗的夏夜,可以听到松鼠在树上跳着叫着,互相追逐。它们好像很怕强烈的日光,白天躲在窝里歇凉,晚上出来奔跑,玩耍,吃东西。

松鼠不爱下水。有人说,松鼠横渡溪流的时候,用一块树皮当作船,用自己的尾巴当作帆和舵。松鼠不像山鼠那样,一到冬天就蛰伏不动。它们是十分警觉的,只要有人触动一下松鼠所在的大树,它们就从树上的窝里跑出来躲到树枝底下,或者逃到别的树上去。松鼠在秋天拾榛子,塞到老树空心的缝隙里,塞得满满的,留到冬天吃。在冬天,它们也常用爪子把雪扒开,在雪下面找榛子。松鼠轻快极了，总是小跳着前进，有时也连蹦带跑。它们的爪子是那样锐利，动作是那样敏捷，一棵很光滑的高树，一忽儿就爬上去了。松鼠的叫声很响亮，比黄鼠狼的叫声还要尖些。要是被惹恼了，还会发出一种很不高兴的恨恨声。

松鼠的窝通常搭在树枝分杈的地方，又干净又暖和。它们搭窝的时候，先搬些小木片，错杂着放在一起，再用一些干苔藓编扎起来，然后把苔藓挤紧，踏平，使那建筑物足够宽敞，足够坚实。这样，它们可以带着儿女住在里面，既舒适又安全。窝口朝上，端端正正，很狭窄，勉强可以进出。窝口有一个圆锥形的盖，把整个窝遮蔽起来，下雨时雨水向四周流去，不会落在窝里。

松鼠通常一胎生三四个。小松鼠的毛是灰褐色的，过了冬就换毛，新换的毛比脱落的毛颜色深些。它们用爪子和牙齿梳理全身的毛，身上总是光光溜溜、干干净净的。

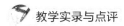 **教学实录与点评**

文本解读：

（1）文艺性说明文的文体。《松鼠》为文艺性说明文，这是小学阶段第一次学习文艺性说明文。本文与常识性说明文《鲸》在语言表达上有较大的差异，学生往往喜欢阅读，却疏于对文本奥妙的发掘。教学时，需要对《松鼠》一文的表达特征进行重点学习，借助与《鲸》的比较学习，发现文艺性说明文的表达特征。当然，引导学生时，还需要进行细化，因为"表达"一词内容过于宽泛，在不同文体中有不同的定义与要求，而且学生对"表达"的内涵并不明确，需要教师从说明文的角度，细化为更加明确的说明内容、说明方法、说明的语言特点，这样学生就不难理解了，比较分析的针对性也更强了。

（2）拟人化的语言表达特点。比较出差异之后，学生很快会发现本文拟人化表达的语言特点。教师需要对此进行夯实学习，因而，引导学生找出最能表现作者用拟人化手法表达他喜爱松鼠的句子，并做批注式品味。多位同学共同找，自然就能发现，从外形到吃食，处处都体现了作者对松鼠的喜爱之情，并进一步扩展至全文，从而达到举一反三的效果。

（3）从一篇到一类的推进思路。《松鼠》的作者为布封。他既是博物学家，又是著名作家。尽管他以博物学任职，但使其享誉世界的却是其文名，这也是造化弄人。如果教师能够通过本文的学习，引导学生去阅读布封的其他作品，如《天鹅》《马》等，不啻为一种从一篇到一类的自然内化，也达成了指导学生课外阅读的效果。

【点评1：文本深读。文本解读是教师设计和实施教学的基础。只有教师深入地解读文本，才能使教学深入浅出，游刃有余。执教者的文本解读，对本文的文体特点及语言表达特点认识很到位。】

学情分析：

（1）刚上五年级上学期的学生，有一定的梳理文本的基础，但教师仍需要借助大致画好的文本结构框架图进行填空式引导，让学生发现关键词，再思考如何正确填入，从而帮助学生认识说明文一般的文本结构，形成大致的文章图式。

（2）根据新课标要求，第三学段学生要逐渐关注、认识文章的表达方式，形成一定的文体意识。而五年级上学期的学生文体意识比较弱，关注表达方式是其弱点，因而需要做重点引导。

（3）该班学生有一定的合作学习基础，有一定的预习习惯，因此，可以采用批阅学生预习本的办法，了解学生的学习起点和质疑，基于此进行教学更有针对性。

【点评2：基于学情。一切良好的教学都是从学情出发的，对学情的分析是有效教学的根本保证。这里对学情的三方面分析，既很客观，又较深入，确保了教学的起始性和针对性。】

教学目标：

（1）梳理文本内容，在了解文章的内容结构之后，与《鲸》比较动物说明文说明内容的异同。

（2）小组合作，从说明内容、说明方法、说明的语言特点等方面填写维恩图，比较《松鼠》和《鲸》两文第一自然段的表达异同（说明内容同是"外形"而略有区别）。

（3）品析拟人化的语言表达特点，发现全文各处的同类表达，拓展《天鹅》外形描写片段，延伸阅读《自然史》和《动物素描：布封博物笔记》。

【点评3：聚焦目标。教学目标是教学行动的向导。本课教学目标清晰而简明，聚焦能力和方法。从能力看，关注了比较能力的培养；从方法看，关注了文章结构的梳理和语言表达的特点。】

教学重点：

小组合作比较《松鼠》和《鲸》第一自然段表达的异同，填写维恩图。在此基础上，认识文艺性说明文。

教学难点：

在合作研究中发现拟人化表达特点，并做批注式品析。强化对文艺性说明文的关键要素——拟人化的学习。

一、反馈预习，一比：比较《松鼠》和《鲸》说明内容和结构的异同

1. 谜语引入，揭示课题

［师出示：小小脑袋尖尖嘴，身后拖着一大尾。经常生活在树上，松子是它好美味。（打一动物）］（生猜谜）

师：读课文题目。（生齐读）

2. 比较两位学生预习本上的文本结构梳理图，并指正

［师出示具有代表性的两位学生的预习本（一份有典型错误，一份为与约90%的同学答案一致）］

师：你更欣赏哪位同学的文本结构梳理图，为什么？（生答略）

【点评4：比较分析。比较是思维的重要方式，因而，安排比较分析是富有教学意义的。本课中设计比较学生作业、比较不同文章结构和语言表达等环节，使教学活动具有思维深度。】

3. 分析《松鼠》和《鲸》的文章结构图，发现异同

师：同学们，请仔细看，这两篇文章的结构图一对比，你就会发现有些地方是相同的，有些地方又是不同的。先比较相同的地方。

生1：我发现这两篇文章都是写动物的。

师：说明对象不同，但类别相同。

生2：我发现两篇文章的结构大致是相同的。

师：都从哪些方面来写的？

生2：都从动物的外形、生活习性、繁殖等生长特点来写的。

师：再来比较不同的地方。

生3：两篇文章有些内容是不一样的，《松鼠》写了搭窝，但《鲸》没有；《鲸》写了睡觉和寿命，但《松鼠》没有。

师：细化的说明内容，同中有异。

生4：《松鼠》第一自然段不但写了外形，还写了松鼠吃东西的样子，而《鲸》只写了外形；《鲸》的说明内容是一段一段叙述的，《松鼠》是随意穿插的。

师：《鲸》为顺序归类表达，《松鼠》为随机穿插说明。（板书：《鲸》：顺序——《松鼠》：穿插）

【点评5：互文阅读。把两篇文章放在一起学习，相互对照，相互印证，比较异同，分析差异。这使小学生的学习有凭据，思考有样本。这是一种高效的学习方式。】

二、小组合作，二比：比较《松鼠》和《鲸》第一自然段表达的异同

1.学生预习质疑反馈，聚焦关键问题

（师出示问题）

松鼠为什么不喜欢水？

松鼠为什么会换毛？

松鼠是怎样生孩子的？

…………

松鼠是四足动物，作者为什么却说它最不像四足兽了？

师：我们发现绝大多数同学提的前三个问题为知识性问题，可以通过查找百科全书、上网搜索等方法解决。

【点评6：轻其所轻。教学应当重其所重，轻其所轻。语文教学要重视语

言表达形式，轻视情节内容分析。关于知识性的问题不宜分析过细，不必用时过多。这种处理颇显智慧。】

师：最后一个问题特别有代表性，与文章的导语比较，我们发现问法虽不同，但实际效果相类似。因此，不妨就此开展研究。

2. 小组合作学习，比较两课表达的异同

师：研读《松鼠》和《鲸》第一自然段，分析两篇文章在表达上有哪些相同的地方，有哪些不同的地方。时间为8分钟。可以从说明内容、说明方法、说明的语言特点等处去研究。（生填写比较维恩图）

【点评7：图解教学。图表具有形象、简约、概括性强的特点，是小学生学习的得力助手。教师通过图表，使抽象知识具体化、繁杂知识清晰化、零碎知识系统化。请把图表纳入小学语文课堂吧！】

（展示具有代表性的三个小组的学习成果，师随机点评）

师：（小结）两篇文章说明的内容大致相同，但说明方法不同，最主要的是《松鼠》一文的语言特点鲜明。三组同学都不约而同地发现了《松鼠》的语言表达特点是采用了拟人的手法。（随机板书：拟人）这种表达方式的好处是——

生：让我们感受到作者非常喜欢松鼠。

三、批注式品析拟人表达的好处，认识文艺性说明文

1. 批注式品析拟人句的好处

师：继续研读《松鼠》第一自然段，从哪里可以看出作者对松鼠的喜爱？画出最能表现作者喜爱松鼠的一句话，写写阅读感受。（生交流，师随机点拨，进而引导在文章其他段落中画出表现作者喜爱松鼠的句子）

2. 认识文艺性说明文

师：我们已经知道，从说明文的分类来看，《鲸》叫作常识性说明文，那么，《松鼠》可以叫作 —— 谁来给它取个名？

生 1：拟人体说明文。

生 2：拟人体常识性说明文。

师：（板书：文艺性说明文）文艺性说明文的最大特征是？

生：采用拟人的表达手法。

【点评 8：文体意识。教师引导小学生认识文体，逐步形成文体概念，并根据不同文体特点，学习不同的文体表达方法，这对语文学习是大有裨益的。】

四、感谢作者，引导课外阅读

1. 引入"资料袋"，认识作者

（师出示"资料袋"的内容 —— 布封的简介，并朗读）

师：读完后，你发现了什么？（生交流略）

2. 拓展阅读《天鹅》中的外形描写片段

师：（出示：天鹅的面目优雅，形状妍美，与它那种温和的天性正好相称。它叫谁看了都顺眼。凡是它所到之处，它都成了这地方的点缀品，使这地方美化；人人喜爱它，人人欢迎它，人人欣赏它……俊秀的身段，圆润的形貌，优美的线条，皎洁的白色，婉转的、传神的动作，忽而兴致勃发，忽而悠然忘形的姿态。—— 布封《天鹅》）读完后，你发现了什么？

生：发现了《天鹅》和《松鼠》一样，也采用了拟人的手法来表达作者的喜欢之情。

3. 引导阅读《自然史》和《动物素描：布封博物笔记》

师：《自然史》发给合作最好的一组，《动物素描：布封博物笔记》发给质疑最有价值的同学。

【点评 9：拓展链接。为迁移而学，这是重要的学理依据。从个别到一类，从一文到一书，才有可能促进学生的课内外结合学习，构建一个学习体系，逐步达到学习的最优效果。】

本课板书：

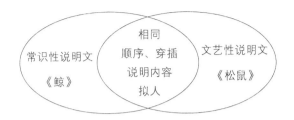

常识性说明文
《鲸》

相同
顺序、穿插
说明内容
拟人

文艺性说明文
《松鼠》

总评

　　小语文，大智慧。这是一节文艺性说明文教学设计课。它很好地体现了
文本深读、基于学情、聚焦目标、比较分析、互文阅读、轻其所轻、图解教
学、文体意识、拓展链接等九个策略思想。特别是其中的比较分析、图解教
学和文体意识，这是语文教师颇有成效的智慧选择。

语文课堂的"学本"追求
——《梅花魂》点评

[执 教 者] 浙江省杭州绿城育华翡翠城学校／陈贤彬
[教材课文] 人教版课标本五年级上册

梅花魂

陈慧瑛

　　故乡的梅花又开了。那朵朵冷艳、缕缕幽芳的梅花，总让我想起漂泊他
乡、葬身异国的外祖父。

　　我出生在东南亚的星岛，从小和外祖父生活在一起。外祖父年轻时读了

不少经、史、诗、词，又能书善画，在星岛文坛颇负盛名。我很小的时候，外祖父常常抱着我，坐在梨花木大交椅上，一遍又一遍地教我读唐诗宋词。每当读到"独在异乡为异客，每逢佳节倍思亲""春草明年绿，王孙归不归""自在飞花轻似梦，无边丝雨细如愁"之类的句子，常会有一颗两颗冰凉的泪珠落在我的腮边、手背。这时候，我会拍着手笑起来："外公哭了！外公哭了！"老人总是摇摇头，长长地叹一口气，说："莺儿，你还小呢，不懂！"

外祖父家中有不少古玩，我偶尔摆弄，老人也不甚在意。唯独书房里那一幅墨梅图，他分外爱惜，家人碰也碰不得。我五岁那年，有一回到书房玩耍，不小心在上面留了个脏手印，外祖父顿时拉下脸来。有生以来，我第一次听到他训斥我妈："孩子要管教好，这清白的梅花，是玷污得的吗？"训罢，便用保险刀片轻轻刮去污迹，又用细绸子慢慢抹净。看见慈祥的外祖父大发脾气，我心里又害怕又奇怪：一枝画梅，有什么稀罕的呢？

有一天，妈妈忽然跟我说："莺儿，我们要回中国去！"

"干吗要回去呢？"

"那儿才是我们的祖国呀！"

哦！祖国，就是那地图上像一只金鸡的地方吗？就是那拥有长江、黄河、万里长城的国土吗？我欢呼起来，小小的心充满了欢乐。

可是，我马上想起外祖父，我亲爱的外祖父。我问妈妈："外公走吗？"

"外公年纪太大了……"

我跑进外祖父的书房，老人正躺在藤沙发上。我说："外公，您也回祖国去吧！"

想不到外祖父竟像小孩子一样，"呜呜呜"地哭了起来……

离别的前一天早上，外祖父早早地起了床，把我叫到书房里，郑重地递给我一卷白杭绸包着的东西。我打开一看，原来是那幅墨梅，就说："外公，这不是您最宝贵的画吗？"

"是啊，莺儿，你要好好保存！这梅花，是我们中国最有名的花。旁的花，大抵是春暖才开花，她却不一样，愈是寒冷，愈是风欺雪压，花开得愈精神，愈秀气。她是最有品格、最有灵魂、最有骨气的！几千年来，我们中华民族出了许多有气节的人物，他们不管历经多少磨难，不管受到怎样的欺凌，从来都是顶天立地，不肯低头折节。他们就像这梅花一样。一个中国人，无论在怎样的境遇里，总要有梅花的秉性才好！"

回国的那一天正是元旦，虽然热带是无所谓隆冬的，但腊月天气，也毕竟凉飕飕的。外祖父把我们送到码头。赤道吹来的风撩乱了老人平日梳理得整整齐齐的银发，我觉得外祖父一下子衰老了许多。

船快开了，妈妈只好狠下心来，拉着我登上大客轮。想不到泪眼蒙眬的外祖父也随着上了船，递给我一块手绢——一色雪白的细亚麻布上绣着血色的梅花。

多少年过去了，我每次看到外祖父珍藏的这幅梅花图和给我的手绢，就想到，这不只是花，而且是身在异国的华侨老人一颗眷恋祖国的心。

教学实录与点评

学习目标：

(1) 学习借助表示时间的词语梳理课文内容的方法。

(2) 学习品读含义深刻的句段的方法。

【点评1：学习目标的"学本"追求。学习目标要从着重于"教"转向着重于"学"。这个学习目标有三点值得称赞：一是学习目标着眼于学生和学习，二是学习目标紧扣学习方法，三是学习目标立足于课文的结构和语言表达特点。】

学习单：

(1) 自读课文。了解作者通过哪几件事来表达外祖父思念祖国之情，尝试抓住表示时间的词语来填空。

表示时间的词语	事情
很小的时候	1.外祖父教"我"读唐诗宋词时落泪。
	2.
	3.
	4.
	5.

（2）自学生字新词。选择几个容易写错的新词写在下面的横线上。

_____

【点评2：学习单设计的"学本"追求。要从课文的语言特点和学生的心理特点结合处设计学习单。这个学习单既有对课文主要内容的梳理，又有对生字新词的难点预习，可谓点面结合。】

一、揭题引入

师：今天我们一起学习《梅花魂》，梅花魂是什么意思？魂字是什么意思？（出示：魂，灵魂；情绪；精神）连起来说就是 —— 梅花的精神。

【点评3：学习起点的"学本"追求。上课之始，教师就应根据学情，让学生尝试学习、初步了解课文，在课尾再让学生总结课文。这里，教师用词义选择的方式解释"魂"的意思，"精神"主题前置，呈现了"演绎教学"的模式，"学本"容易被忽视。】

二、整体感知

师：课文是怎样描写梅花精神的？首先，我们来看看文中写了哪几件事来突出梅花魂 —— 梅花的精神？我们来看表格的填写情况。

表示时间的词语	事情
很小的时候	1.外祖父教"我"读唐诗宋词时落泪。
我五岁那年	2.外祖父因为"我"弄脏墨梅图而发脾气。
有一天	3.外祖父因年龄大不能回国而呜呜地哭。
离别的前一天早上	4.外祖父郑重地送我墨梅图。
回国的那一天	5.泪眼蒙眬的外祖父到船上送我梅花手绢。

[引导学生发现以"外祖父"（主人公）为主语来写内容，表达会更简洁]

师：整体看一看这个梳理表，你发现了什么秘密？

生：是按时间顺序写的。

【点评 4：全篇学习的"学本"追求。教师结合学习单，引导学生整体读文，发现布局谋篇的秘密，了解文章表达的顺序。这里，学生主动参与了学习活动，而且学得简约而扎实。】

三、学习梅花魂

师：这五件事都是写外祖父的，哪一件事最能体现梅花的精神？

生：第四件事情。

师：哪一段最能体现梅花的精神？

生：第 13 自然段。

师：这段话是谁说的？为什么在外祖父离世的几十年后，作者仍将这 7 句话，159 个字，一字不落地牢牢地记在心里？这段话有怎样的秘密和魅力？现在请朗读外祖父的话，再默读一两次，想想这段话到底告诉了我们什么？找出一两句最让你感动的话，写上一两句旁注。

【点评 5：重点学习的"学本"追求。对重点段的学习，教师更应放手让学生自主学习，更应展开学习过程。但在这里，教师出场太快，提问太多，学生只能跟着学。这样的话，学生的地位是否被后置了？】

师：[板书：夸梅花的精神（坚贞不屈、坚毅）；赞中国人（顶天立地）]哪些词最能体现外祖父对梅花的欣赏？我们拿出笔圈一圈。

生：精神、秀气、有品格、有灵魂、有骨气。

师：我们夸花一般用万紫千红、香气四溢、含苞欲放……外祖父为什么用愈精神、愈秀气、最有品格、最有灵魂、最有骨气？

生：作者用了表现人的词语来表现花。

师：这里仅仅是在夸梅花吗？

【点评 6：语言学习的"学本"追求。语文课贵在语言学习。这里教师引导学生对词语的关注和品味是有意义的，但展示的是教师的讲授。能否"还学"于学生，先学后教，依学定教？】

师：还在夸哪些中国人？（生列举略）

师：(出示：中国自古有"众人皆醉我独醒"、最后投江自尽的屈原；有受尽屈辱十九年、爱国之心永不变的苏武；有"人生自古谁无死？留取丹心照汗青"的文天祥；有不惧严刑拷打的赵一曼；有绝不向侵略者低头的杨靖宇；有宁死不吃美国面粉的朱自清）一边是梅花，一边是人，这会让我们想到——借物喻人。(板书)

【点评7：方法学习的"学本"追求。这里聚焦借物喻人的"学习点"，颇有意义，但只是"点到即止"，少了学生参与，少了过程，学生也就少了收获。】

四、迁移运用

师：这一段给我们留下了深刻的印象，是全文的重点段。作者写出了梅花的精神，梅花的魂。有些文章也有重点段。比如牛汉的《高粱情》，它的重点段是第几自然段？

生：第三自然段。

师：圈画出表现高粱情的一两个句子，写上旁注。(生圈画，做旁注)

【点评8：迁移学习的"学本"追求。"为迁移而学"是"学本课堂"的行动口号。这里教师安排重点段学习的迁移，有助于学习的深入，是落实语用的一个举措。】

五、总结学习

师：有些文章通过学习重点段，我们就能快速地把握文章的主题。通过这节课对重点段的学习，我们已经能理解外祖父的思念之情，作者为什么还要写其他事例？我们下节课来学习。

【点评9：学习结束的"学本"追求。课尾留下疑问，颇有新意。一是学贵有疑，让学生带着问题下课；二是学需连续，本次学习结束是新学习的开始。】

总评

小学语文教学的发展方向是，从以教为主转向以学为主，因而"学本课堂"应运而生。学本课堂是一种以学理为指导，以学习活动为核心，以会学为标志的课堂。本课的设计在追求"学本"上做出了积极的努力。

促进学习活动的展开，是学本课堂的核心思想。从本课设计看，教师要思考以下问题。

（1）学习目标要集中。如本课的目标集中而有效。

（2）学习任务要清楚。采用"任务驱动"较为有效，如本课中学习单的使用。

（3）学习过程要展开。特别是对学习重点、难点和特点的学习要有学习流程，要有时间保证，还要有学生具体活动做支撑，不能囿于学习结果。

（4）学习策略要凸现。如先学后教、依学而教、以学评教、抓大放小、学法指导等。本课的 9 条点评就是基于学理，对促进学生学习活动展开的思考。

/ 2014年10月点评 /

语文学习是有理可依的
——《圆明园的毁灭》点评

[执 教 者] 浙江省杭州绿城育华小学／郑立科
[教材课文] 人教版课标本五年级上册

圆明园的毁灭

圆明园的毁灭是祖国文化史上不可估量的损失，也是世界文化史上不可估量的损失！

圆明园在北京西北郊，是一座举世闻名的皇家园林。它由圆明园、万春园和长春园组成，所以也叫圆明三园。此外，还有许多小园，分布在圆明园东、西、南三面，众星拱月般环绕在圆明园周围。

圆明园中，有金碧辉煌的殿堂，也有玲珑别透的亭台楼阁；有象征着热闹街市的"买卖街"，也有象征着田园风光的山乡村野。园中许多景物都是仿照各地名胜建造的，如，海宁的安澜园，苏州的狮子林，杭州西湖的平湖秋月、雷峰夕照；还有很多景物是根据古代诗人的诗情画意建造的，如，蓬莱瑶台，武陵春色。园中不仅有民族建筑，还有西洋景观。漫步园内，有如漫游在天南海北，饱览着中外风景名胜；流连其间，仿佛置身在幻想的境界里。

圆明园不但建筑宏伟，还收藏着最珍贵的历史文物。上自先秦时代的青铜礼器，下至唐、宋、元、明、清历代的名人书画和各种奇珍异宝。所以，它又是当时世界上最大的博物馆、艺术馆。

1860年10月6日，英法联军侵入北京，闯进圆明园。他们把园内凡是能拿走的东西，统统掠走；拿不动的，就用大车或牲口搬运；实在运不走的，就任意破坏、毁掉。为了销毁罪证，10月18日和19日，三千多名侵略者奉命在园内放火。大火连烧三天，烟云笼罩了整个北京城。我国这一园林艺术的瑰宝、建筑艺术的精华，就这样化成了一片灰烬。

教学实录与点评

教学目标：

（1）课前预习，让学生搜集课外资料，了解圆明园的名称由来及园中西洋景观的相关信息，初步掌握搜集资料、梳理信息的能力。

【点评1：学生在课前是否要搜集课外资料？这要因文而异、因生而异。一般课文的教学不必安排课前活动。但是，本文有历史感、有文化味，距学生生活年代较远，教师在课前安排预习，要求学生搜集课外资料是很有必要的。其实，搜集课外资料的过程也是一个很好的学习、思考的过程。】

（2）聚焦第三自然段，感受圆明园昔日的辉煌，激发学生强烈的民族自豪感和爱国情怀，学习有感情地朗读、品味精彩语言的方法。

【点评2：课堂教学是否要聚焦一个重要段落？为了提高课堂教学效率，加强学生学习的针对性和实效性，一般而言，一节课应该有一两个重要语段或问题，体现"一课一得"的务实精神。语文课堂教学要防止面面俱到、平均用力。第三自然段是重点段，作为主要的教学内容是合理的。】

（3）借助关联词，积累与学习语言，发现并学习整齐中有变化的语言表达方式。

【点评3：教学目标中是否要有一个具体的语言学习目标？回答是肯定的。这充分体现了语文课程与教学的本质意义——学习语言文字的运用。本课教学关注了关联词、整齐中有变化的语言表达方式等，加强了课堂的语文味。】

一、结合预习，整体感知，在质疑中发现学生的认知矛盾

1. 揭题，读题，梳理内容与结构

师：通过预习，你发现课文主要写了什么内容？

生：毁灭、辉煌。

师：哪几自然段写了圆明园的毁灭？哪几自然段写了圆明园的辉煌？

（生答略）

【点评4：课始是否要安排梳理文章内容与结构的环节？一要看学段，教高年级一般要安排，而教低年级不一定安排。二要看文章的内容和结构。结构有特点的一般要安排，情节的条理性不明显的可以不安排。本节课教师采用了"结构前置"的策略。本文是五年级课文，又有明显的板块，这样的安排是恰当的。当然，梳理文章内容与结构的环节也可以放在课堂教学的后半段，这叫"结构后置"。】

2.学生质疑

师：看板书中的结构，你一定会有所发现。

生1：首尾照应。

生2：课文题目是"圆明园的毁灭"，作者为什么写那么多的"辉煌"？

【点评5：课中是否要引导学生质疑问难？引导学生质疑，既能培养学生的思维品质，也能促进他们学习习惯的养成。本课关于结构特点的发现是有教学意义的，但是要注意两个操作上的问题：一是关于文章结构的质疑应放在课的后半段；二是要设计具体过程，引导学生自己逐步发现文章特点。】

二、聚焦"辉煌"，品味语言，在语言学习中激发学生的爱国情怀

1.聚焦学习第三自然段

师：自由朗读第三自然段，用双引号画出一两句最能让你感受到"辉煌"的句子，多读几遍。（生自由朗读，师巡视）

【点评6：在语文课堂上，教师是否应该更有作为？概括地说，教师在课堂上主要做三件事，一是组织，二是引导，三是示范。学生自由朗读课文时，教师应该做什么值得深思。是巡视？是个别指导？还是准备下个环节的教学？其实，更有作为的是读书示范。提倡学生读书时教师也抓紧读书，这是一种平等的象征，是一种"学习共同体"的表现，要减少教师"高高在上"的巡视。】

2.汇报发现的"辉煌"

生1：（读）"圆明园中，有金碧辉煌的殿堂，也有玲珑剔透的亭台楼阁；

有象征着热闹街市的'买卖街'，也有象征着田园风光的山乡村野。"

生2：（读）"园中许多景物都是仿照各地名胜建造的，如，海宁的安澜园，苏州的狮子林，杭州西湖的平湖秋月、雷峰夕照；还有很多景物是根据古代诗人的诗情画意建造的，如，蓬莱瑶台，武陵春色。"

（师引导学生自主发现：第三段句句写"辉煌"，圆明园处处是"辉煌"。）

师：我们现在朗读第一句，品味"辉煌"，体会工整的句式特点。（生读，师生合作读，并借助关联词"有……也有……"背诵积累）

师：品味后三句的"辉煌"，并体会整齐中求变化的语言形式。（生读，师引导学生与第一句对比朗读，发现同中有异：句式工整但又富于变化；体会语言形式与内容的统一：就像圆明园中的建筑一样，丰富多样，变化多端。）

3.迁移练笔，感受西洋景观的辉煌，体会有详有略的表达特点

师：结合搜集的资料，模仿第一句的"有……也有"，或第二句的"如……如……"，或用自己喜欢的句式，写写圆明园中的西洋景观。

（生写话，师巡视，并相机批阅。生展示写话，略）

【点评7：课上是否要更有效地指导学生学习语言？语言学习要遵循一系列的规律：按学习程序看，要经历感知、理解、巩固、运用的过程；按学习要素看，要从语言内容到语言形式；按学习策略看，要读写结合和互动；等等。本课上述环节较好地体现了这些规律，但可以再整合和聚焦一些。这里读的是"工整的句式""整齐中求变化的语言形式"，但写的却是"有详有略的表达特点"，读写之间的关系似乎是分离的。】

师：让我们在对"辉煌"的赞美与向往中，走进废墟，走进遗址，激发情感。（生交流感受，释放情感，升华情感，略）

【点评8：课上是否一定要体现情感？语文课要实现工具性和人文性统一的言意融合。而且，情感是一种个体行为，是一种内心体验，仅有外部活动是不能奏效的。建议有三：一是补充课外资源，作为感情的支撑；二是通过对"辉煌"和"毁灭"的对比，进行理性思考；三是指导学生个体理解，引发内心体验。理解深了，感悟深了，情感也自然深了。不然释放和升华的情感则是表面的、浮躁的。】

三、痛定思痛，升华情感，在觉醒中领悟作者的构思之妙

师：是啊，我们惋惜，我们痛恨，我们要觉醒，我们要自强。同学们，现在回过头去看一开始的疑问："题目是'圆明园的毁灭'，作者为什么写了那么多的'辉煌'？"你是否已经明白了作者的构思之妙？（生答略）

师：（小结）悲剧将人生有价值的东西毁灭给人看。

【点评9：语文课是否要有一个"漂亮的"结课？本课采用前后呼应的方法，精心设计了结尾，并以名句结课，可见教师的良苦用心。这是一种"句号型"的结课，能不能有"问号型"的结课、"感叹号型"的结课和"省略号型"的结课？值得语文老师们尝试。】

本课板书：

圆明园的毁灭

毁灭（1）

有……也有……有……也有……

？！辉煌（2—4）整齐中求变化

以喜衬悲

毁灭（5）

总评

我以九个"是否"对本课进行点评，旨在引发大家进一步讨论。其实，从思维方法的角度看，这九个"是否"是对语文课堂的学理思考。

语文学习之理是学习理论、学习原理、学习心理之中的理，是一种语文学习的客观规律。

语文学习不是杂乱无章的，也不是见仁见智的，而是有序可循，有理可依的。如果你也赞成这个观点，可否也行动起来，参与到小学语文教学学理的大讨论之中？

"文体"与"课型"的和谐统一
——《最后一分钟》点评

[执 教 者] 浙江省永康市实验学校特级教师／倪静川
[教材课文] 人教版课标本五年级上册

最后一分钟

李小雨

午夜。香港，
让我拉住你的手，
倾听最后一分钟的风雨归程。
听你越走越近的脚步，
听所有中国人的心跳和叩问。

最后一分钟
是旗帜的形状，
是天地间缓缓上升的红色，
是旗杆——挺直的中国人的脊梁，
是展开的，香港的土地和天空，
是万众欢腾中刹那的寂静，
是寂静中谁的微微颤抖的嘴唇，
是谁在泪水中一遍又一遍
轻轻呼喊着那个名字：
香港，香港，我们的心！

我看见，

虎门上空的最后一缕硝烟，

在百年后的最后一分钟

终于散尽；

被撕碎的历史教科书，

第 1997 页上，

那深入骨髓的伤痕，

已将血和刀光

铸进我们的灵魂。

当一纸发黄的旧条约悄然落地，

烟尘中浮现出来的

长城的脸上，黄皮肤的脸上，

是什么在缓缓地流淌 ——

百年的痛苦和欢乐，

都穿过这一滴泪珠，

使大海沸腾！

此刻，

是午夜，又是清晨，

所有的眼睛都是崭新的日出，

所有的礼炮都是世纪的钟声。

香港，让我紧紧拉住你的手吧，

倾听最后一分钟的风雨归程，

然后去奔跑，去拥抱，

去迎接那新鲜的

含露的、芳香的

扎根在深深大地上的

第一朵紫荆……

教学目标：

（1）通过自主朗读，整体感知诗歌内容，初步感受诗歌韵律。

（2）通过自主学习，借助材料读懂诗歌，体会诗歌表达的思想感情。

（3）通过自主发现，初步感知诗歌的表现手法，积累语言形式。

【点评1：有特色的教学目标设计。三个"自主"充分体现了学本课堂的理念，给学生一个语文学习方法的习得所、运用场，始终不忘略读课承担的任务。而五个"诗歌"从感知诗歌内容、韵律、情感到关注表现手法和语言形式，对本课的文本特征进行了教学目标层面的界定，有助于提高课堂教学的针对性和实效性。】

一、由歌及诗，揭示课题

师：（课前预热：哼唱《七子之歌》，听一听旋律，读一读歌词）许多优美的歌，歌词本身就是一首优美的诗。《七子之歌》的歌词就是爱国诗人闻一多写的组诗。今天，我们要学习一首诗歌，就与这"七子"中的"一子"有关。（生齐读课题）

【点评2：对课前预热的精心安排。课前预热不仅能使教师与学生拉近心理距离，消除陌生感，更重要的是，在这个过程中，巧妙地与文本衔接，衔接文本的内容，衔接文本的情感。一首《七子之歌》马上将学生带入了教学所需的情感意境。更为可贵的是，由歌及诗，巧妙地渗透了诗与歌的密切关系，让课从一开始就有了浓浓的诗意和文化气息。】

二、初读诗歌，整体概览

1. 自主朗读诗歌

师：让我们自由地朗读这首诗歌，读准字音，读通诗句。（生读诗）

2. 交流初步感受

师：读完诗歌之后请说说你的感受。你认为这是怎样的最后一分钟？请将关键词写在黑板上。（生板书）

【点评3："整体观照"的成功实施。诗歌教学应从诗歌的整体入手，强调让学生在整体阅读中体会诗歌大意，在整体观照中领悟诗歌的内涵与情感。因此，让学生在初读全诗、整体感知后，用一个关键词说说自己最初的、最直观的也是最真实的感受，可为深入研读奠定坚实的基础。】

三、读准词语，发现规律

师：读准第一组词语（脊梁、悄然落地、旗杆），比较多音字的读音。（生读词）

师：读顺第二组词语（风雨归程、叩问、嘴唇、伤痕、灵魂、沸腾、钟声），寻找带韵脚的诗句。（生读词）

师：这些最后一个字韵母相同的词语，放在诗行的末尾，成为韵脚，就形成了诗歌的一大特点 —— 押韵，读起来朗朗上口。老师把它们送回诗中，请大家再次朗读诗歌，注意这些带韵脚的诗句，看看读起来是不是特别有韵味。（生读诗）

【点评4：教学要指导学习策略。这里有三个朗读策略值得赞赏：一是课始的自主朗读；二是在词语检测过程中贯穿着对整首诗歌的通读；三是朗读中有意识地引导学生自主发现诗歌的韵律，并在诵读中感受韵脚的作用和诗歌的韵律之美。教学"有心"而"无痕"。】

师：读懂第三组词语（欢腾 —— 寂静；痛苦 —— 欢乐；午夜 —— 清晨），提炼相互矛盾的问题。（生读词）

师：我们到诗中找出这三组词语所在的诗句，读一读，你又有什么发现？或者有什么问题？

生1：万众欢腾又怎么会寂静？

生2：百年的痛苦又何来欢乐？

生3：既是午夜又怎会是清晨？

【点评5：揭示语言的奥妙所在。从某种意义上讲，最后一分钟就是一条界线，是"寂静与欢腾""痛苦与欢乐""午夜与清晨"的界线。这三组相互矛盾的词语出现在同一首诗里，并且分别出现在前后三个小节，贯穿全诗，是这首诗歌非常独特的语言现象。教师依托词语教学，让学生在阅读中发现奥妙，并且以此为载体，让学生提炼出深入研读课文的三个问题，可谓匠心独运。】

四、借助材料，自读自悟

1. 复习学习方法

师：有了问题不可怕，关键是想办法解决。回忆一下，在这个单元的学习中，或在平时的语文学习过程中，遇到问题时我们是用哪些方法来解决的？（根据学生发言板书反复诵读、查找资料、同学讨论等常用方法）

2. 指导阅读策略

师：由于条件有限，我们在课堂上不能自由地查找相关资料，老师事先给每位同学准备了一份资料。从大量的文字资料中获取有效信息的最佳阅读方式是什么？请选择：A.从头到尾认真朗读一遍；B.快速浏览，获取有效信息。请同学们借助刚才总结的几种学习办法，围绕刚才提的选择题，反复研读，争取有新的收获。（生借助材料自主研读诗歌）

【点评6：教略学丰。这个环节让学生借助材料，自读自悟。略读课"略"的是教师的教，不能"略"的是学生的学。这节课让学生实实在在地经历了一个"真的提问题，提真的问题，真的解决问题"的"三真"过程。在这个自主学习的过程中，教师也并非放任自流、无所作为，而是做了两个非常值得肯定的引导工作。第一，学生的阅读资料是教师精心筛选的。这首诗歌内容含蓄、跳跃，其中"虎门""紫荆"等意象学生不易理解。在阅读材料中引入关于香港回归、虎门销烟等背景资料，就为意象的感知做了很好的铺垫和补充。第二，在大量的文字资料介入前，教师以选择题的形式及时地进行了阅读方法的指导，这是非常有必要的。】

五、聚焦画面，局部精读

师：通过刚才的学习，你对哪个问题已经有了新的收获？一起交流一下。
（根据学生自由发言，显示诗歌第三小节的内容）

1. 读出痛苦

（1）圈点历史事件，感受百年屈辱。

师：在这首诗中，诗人回忆了哪些痛苦的历史？请你圈一圈。（生圈点并交流）

师：关于这段历史，老师收集了一些资料，请看——（显示鸦片战争、签订一系列不平等条约和有关租界内中国人受到的种种屈辱的图片及影音资料）

师：看到这些，作为一个中国人，你的心情怎么样？

生：辛酸、屈辱、难过、沉重、愤怒、悲哀、心痛……

【点评7：课堂教学要在学生陌生处着力。学生不熟悉香港百年的屈辱史，而只有感受"百年的痛苦"，才能体会此刻的"欢乐"。在教学中，学生通过阅读文字材料已经对历史背景有了一个大致的了解，此时，教师再通过图片、视频补充鸦片战争、一系列不平等条约和租界内中国人受的种种屈辱等资料，能适时地帮助学生进入诗歌的意境。】

（2）反刍诗歌语言，读出百感交集。

师：诗人用哪些诗句表达了这种痛苦与屈辱？请画下来，读一读。（生边读边画）

师：这一百多年来，虎门上空的硝烟一直如阴霾般笼罩在我们每个中国人的心头，直到百年后的最后一分钟。但这段刻骨铭心的伤痛，如烙印一般深深地烙在我们每个人的心里，所以诗中说"被撕碎的历史教科书——"（生接读）

2. 读出欢乐

师：此刻，伴随着发黄的旧条约悄然落地，百年的屈辱、百年的痛苦终于画上了句号。你的心情又如何？

生：高兴、激动、兴奋、扬眉吐气……

师：在这最后一分钟里，曾经的辛酸、痛苦、屈辱、愤怒与此时的欢

乐、激动、欣喜、兴奋交织在一起，所有的情感一齐喷涌而出，所以诗中说——（用大屏幕显示诗歌第二小节，生接读）

3. 读出画面

师：在这最后一分钟里，举国欢庆，万众欢腾。诗人就像一个摄影师，捕捉到了许多特写镜头。从诗中你仿佛看到了哪些欢腾的画面？又看到了哪些寂静的画面？（生交流）

师：所以在诗人的眼里，最后一分钟是——（生读诗）

4. 凝成诗句

师：孩子们，在这最后一分钟里，摄影师们还抓拍到了很多很多的精彩画面，一起欣赏一下。（播放香港回归时的经典图片）

师：在你的眼里，这最后一分钟又是什么呢？是绽放的礼花？是欢庆的锣鼓？你能学着用诗的语言写一句吗？拿起笔，请写在第二小节后面。（生写作）

【点评 8：关注语言转换是上策。"最后一分钟，是旗帜的形状，是天地间缓缓上升的红色，是……"是这首诗歌很有特色的语言形式，也是学生学习诗歌语言的良好范本。将诗读成画面，再将画面写成诗，一来一回之间，让诗歌语言规律的发现、诗歌语言的习得变成一件轻松、愉悦、自然的事情。】

5. 读准"最后一分钟"

师：（用大屏幕显示诗歌第四小节）"此刻"确切地说是指哪一刻？

生：1997 年 6 月 30 日午夜 23 时 59 分至 7 月 1 日凌晨零点。

师：告别午夜，迎来清晨。再次默读诗歌，找一找，从诗中你看到了一个什么样的香港？

生：新鲜的、含露的、芳香的。

6. 读美"第一朵紫荆"

师：（出示大型雕塑《永远盛开的紫荆花》，简单介绍香港的标志）让我们带着对香港美好未来的深深祝福，一起再来读读这节诗。（生读诗）

【点评 9：把读放在诗歌教学的重要位置。三分诗，七分读，自读、默读、朗读等多种形式的读既是本课教学的主要任务，也是促进学生理解诗歌内容、体会诗歌情感的重要手段。】

六、回扣课题，升华情感

1. 回扣"最后一分钟"

师：都说诗不是用笔写的，而是用心写的。这节课我们自己提出问题，并且通过阅读资料、同学讨论、反复诵读等各种办法自己解决了问题，读懂了这最后一分钟里的浓浓情感。

2. 见证"最后一分钟"

师：想一起见证一下这激动人心的时刻吗？来，全体起立！（播放交接仪式的视频）告诉我，你在静静地等待着什么？（生交流）

师：这就是万众欢腾、寂静等待的——

生：最后一分钟！

师：这就是承载着香港百年的痛苦和欢乐的——

生：最后一分钟！

师：这就是连接着香港的午夜与清晨的——

生：最后一分钟！

【点评10：语文课要有鲜明的主线。此课，诗题即诗眼。教师在课始紧扣"最后一分钟"展开教学，课尾以回扣"最后一分钟"结束，很好地凸显了这首诗的语言特点。同时，教师一次又一次地引领学生回扣"最后一分钟"，再次对三组既矛盾又统一的反义词组进行强化和升华，这已不是简单的重复，而是师生情、文本情、作者情的一种融合。】

 总评

《最后一分钟》的教学有三个重要特点。

1. 这是一首现代抒情诗。整首诗语言凝练，富有感染力。同时，作者运用了比喻、象征、用典等手法，诗中的脊梁、硝烟、虎门、紫荆等许多意象，含义较深，学生在理解上难度很大。这就形成了本课教学的第一个困难——如何解决诗歌难度与学生认知水平的冲突？

2. 这是一篇略读课文。略读课文只有一个课时，不可能求精求全。同时，略读课更关注学生语文能力训练和语文学习方法的运用，应留给学生更多的自主阅读的空间。因此，形成了本课教学的第二个困难——如何在略读课中更好地凸显诗歌的文体特征，同时不失略读味？

3. 这个单元的主题是勿忘国耻。单元训练目标主要有两个：一是感受民族精神和爱国热情；二是通过多种途径搜集有关资料，学习整理资料的方法，并在语文学习中加以运用。这又给本课教学出了第三个难题——如何在落实单元目标的同时，兼顾人文教育与阅读方法的习得？

本课很好地解决了以上三个问题，寻找到了诗歌教学与略读课文教学的有效契合点。

1. 立足于学生的自主学习，努力体现"素课"的思想。课堂上，教师尝试让学生"真的提问题"，"提真的问题"，并让学生通过自主学习"真的解决问题"，让学生实实在在地经历一个从不懂到懂的过程。在不懂到懂之间，凸显"生本课堂"的增量。

2. 立足于学习方法的引领，凸显略读课文的教学宗旨。在教学时，教师借助相关资料，培养学生从资料中获取有效信息的能力，努力在课堂上给学生创设一个语文能力的训练场、习得所，努力凸显略读味。从整体看，本课的设计既是一种学习程序的组织，也是一种方法的引领；从局部看，本课有众多的方法指导，教师不断地通过导语，给予学生一种学习方法、阅读方法上的引领："在平时的语文学习过程中，遇到问题时我们是用哪些方法来解决的？""从大量的文字资料中获取有效信息的最佳阅读方式是什么？"教材无非是一个例子，能让学生终身受益的是学习方法的迁移。

3. 立足于诗歌的文体特征，紧扣情感线进行言语实践。在本课教学中，教师紧扣诗歌的情感线，借助相应的教学手段帮助学生入诗融情，将抽象的意象具象化，通过想象，将静止的文字还原成生动的画面。同时，根据诗歌的文体特点及诗歌的表达特点，开展了诵读、仿写等切实可行的言语实践活动，在读中发现诗歌的言语奥妙，在读中品味诗歌的浓浓情感。

本课的教学设计较好地解决了诗歌教学与略读课文教学之间的矛盾，使"文体"与"课型"得到了较为和谐的统一，值得学习和借鉴。

基于"任务驱动"的学习方式变革

——《百泉村(四章)》点评

[执 教 者] 浙江省杭州市西湖区教师进修学校特级教师／倪宗红

[教材课文] 人教版课标本五年级上册

百泉村(四章)

金波

山

你爱我们这里的山吗?

你看这四周的群山,你会发现,南山像一把怒刺云霄的剑,北山像猴儿捧着蜜桃,东山像两座驼峰,西山像雄鹰展翅。

你不觉得你是生活在童话世界里么?

这儿,山高谷狭,阳光和月光,常把山影儿描画在对峙的山峰上。

你走在这峡谷道上,仰望青蓝的天,像一条带子;两面的高山,像碧绿的屏障。

我们这儿的每一座山,都包含着一个美丽的故事,那是储存在我们心底的财富。

我想,你会爱我们的山的。

泉

你爱我们山中的泉吗?

山涧里流着小溪。当春天来到的时候,桃花瓣儿、杏花瓣儿会随风飘洒在水面上，让小溪流带着它们，像载着一只只小船，漂到山外去。

冬天里，山中静得很，但你可以听见泉水一滴、一滴，滴落在深潭里的声音。

是的，这儿山崖的石缝里，有涓涓的细流；山脚的深潭里，有暖暖的泉水；泉边，即使是在冬天，也长着青青的小草。

我想，你会爱我们这山中的泉的。

小小山村

你爱我们这山环水绕的小山村吗？

它那么小，即使你走进群山的怀抱，你也不容易发现它。它坐落在深深的山谷里。

当你在峡谷里行走时，你会听见鸡的鸣叫、狗的吠声，还有孩子们的歌声和山村小学的铃声。你走进那山道口，你就能看见它——我们美丽的百泉村。

村里，路面是用石头铺的，房屋是用石头盖的，围墙是用石头砌的，猪窝、鸡舍也是用石头垒的。

家家户户像贴在半山腰上，一层房子一层楼。那儿，牛羊在山上散步，清泉在檐下流淌。

我们小小的山村，像一颗珍珠，别在大山的衣襟上。

我想，你会爱我们这小小山村的。

家

你爱我们的家吗？

走进我家的院子，你会看到坐北朝南的一排新房，房檩、房柱都是一色儿新的，散发着树脂的香味。阳光照在窗棂、门楣和玻璃上，白得耀眼。

在我家小院的西头，你迈下几级石阶，就会看见一眼泉水。它离地面只有一尺深，灿然如一块明镜。泉边铺着一圈石头，脚常踩的地方，磨得光光的；水常浸的地方，长着厚厚的青苔。

我总喜欢伏在泉边，照个影儿，清清亮亮的；喊几声儿，嘤嘤嗡嗡的。

泉边汲水方便极了。泉边长着一棵桃树，树上挂着爷爷用树杈削成的一根拐棒儿，我就用它钩住小桶汲水。每次，桶底儿刚轻轻碰到泉水，泉里就发出丁丁冬冬的响声，那声音是深沉的、遥远的，好像空谷传音。

　　每当听到这泉水中的声响，我就这样想，那深山里一定藏着鸟儿的歌声，那歌声就顺着山泉流进了我家的泉眼吧！

　　我家的这眼泉水是温泉。当隆冬时节，山涧的清流都结了冰，群山也覆盖着白雪，我家这泉水还蒸腾着温暖的水汽，它的四周还是绿草丛生。

　　我好客的爷爷，总喜欢给我们讲这个有趣的故事，他说：春天的小女儿，爱上了我们这小小的山村，冬天的时候，她就住在我家的这眼泉水里……

　　不用问，你也会爱我们的家的。

教学实录与点评

　　教师在课前给每位学生发了一张课前预习单。要求如下：

　　(1) 出声读课文若干遍，读到正确、通顺为止。不认识、没把握的字，查一查字典哦！

　　(2) 课文分（　　）、（　　）、（　　）、（　　）四章介绍百泉村。其中，你最喜欢哪一章？

　　(3) 把你最喜欢的一章多读几遍，准备课堂朗读展示。再想想这样的景色可以用文中或自己的哪个词语描述，写一两个。

　　(4) 提一个能统领全文的问题。

　　(5) 每人带一支黑色或深蓝色马克笔（或记号笔、水彩笔）。

　　【点评1：预习的方式。凡事预则立，不预则废。这充分说明了预习、准备的重要性。学生预习课文的方式有四种：(1) 课前学生根据预习单预习；(2) 课前学生随意预习；(3) 课始教师让学生根据预习单在课内预习；(4) 课始教师让学生先随意预习。这里采取了第一种方式。一般来说，第三种预习方式更有效。一是能确保预习时间，二是能减轻学生课外学业负担，三是能促使预习活动真正发生、过程真正展开、效果真正提升。】

一、以预习为起点，交流反馈，整体把握文本

师：课前，老师请每位同学提一个能统领全文的问题。有5位同学提出了这样的问题：课文描写了百泉村的哪些景物（主要描写了什么）？这个问题，只要同学们把课文认真地读过一两遍，都能解决。谁来说说？

生：课文分山、泉、小小山村和家四章介绍百泉村。

师：如果用一个字概括"小小山村"呢？

生：（齐）村。

师：（板书：山　泉　村　家）还有9位同学提出了这样的问题："山""泉""村""家"四章分别写了什么？百泉村到底是个怎样的村子？这都需要我们具体到每个章节中去了解。课前，我请每位同学选择最喜欢的一章多读几遍。你最喜欢的、反复读的是哪一章呢？（生答略）

【点评2：检查的方式。检查是一种回顾、小结和反思，有自查和被查两种方式。教师让学生在自查的基础上学习，是颇为有效的。这既是一种良好的学习习惯，又是一种对认知的认知（元认知）。】

二、以朗读为媒介，自悟百泉村的特点，实现语言转换

师：看样子，同学们对四章各有所爱。接下来，请同学们用朗读的方式向同桌推荐自己最喜欢的一章，怎么推荐呢？［出示学习要求：（1）互读：朗读最喜欢的一章，要读正确、流利。（2）互助：选一个词语描述该章的景色，写在词卡上。（3）抢贴：主动上台，把词卡贴在对应章节后面。］

（生完成朗读文章、互相讨论、贴词卡的任务）

【点评3：朗读的方式。朗读是阅读教学的重要方式。但是朗读必须与相关的方式进行整合才更为有效。这里就采用把朗读的内容与词卡对应起来的方式。其实，这是一种语言形式的转换，从具体的语言到抽象的语言。】

师：（浏览黑板）看来喜欢"泉"的同学比较多。我们先来看"泉"。快速扫视黑板，哪些词卡是一样的？

生：（齐）涓涓细流。

师：老师非常好奇，这些同学是独立阅读，怎么会都想到同一个词语？你们究竟从哪里读出了"涓涓细流"？读给大家听听。

生：（读）"是的，这儿山崖的石缝里，有涓涓的细流；山脚的深潭里，有暖暖的泉水；泉边，即使是在冬天，也长着青青的小草。"

师：其他几位同学找的也是这句话吗？

生：是。

师：为什么读了这句话，你们都会想到"涓涓细流"？

生：因为这句话中就有"涓涓的细流"。

师：真好，仔细读课文，用课文中的词语概括这章景物的特点。（对全班同学）他们都用了什么方法概括"泉"的特点？

生：（齐）摘录词语。

师：请给他们掌声！他们读得很仔细，也很善于提炼信息。再来看，其他同学概括的词有哪个意思跟涓涓细流差不多？

生1：流水潺潺。

生2：潺潺流淌。

师：请填写"流水潺潺""潺潺流淌"的同学起立。你们从哪里读出了这层意思？读来听听。

生：（读）"山涧里流着小溪。当春天来到的时候，桃花瓣儿、杏花瓣儿会随风飘洒在水面上，让小溪流带着它们，像载着一只只小船，漂到山外去。"

师：说说你是怎么想到流水潺潺的？

生：因为这些桃花瓣儿、杏花瓣儿都会随着溪水漂到山外去。

师：谁还有补充？

生：这泉的景色让我联想到《小桥流水人家》中的词语。

师：流水潺潺与涓涓细流的意思差不多，而这位同学用以前学过的词语来概括今天学习的景色，行吗？

生：行！

师：同样的泉，我们可以用不同的词语概括，既可以用以前学过的词语概括，也可以摘录课文中的词语概括。再看"山"，哪些同学也是从课文中摘录词语的？

【点评4：概括的方式。用语言对有关的信息进行概括，是一种抽象思维。因为学生的思维水平各异，所以就会出现不同的概括词语，其概括的方式也就不一样。】

生：怒刺云霄！

师：这张词卡是谁写的？请你读一读相关的句子。

生：（读）"你看这四周的群山，你会发现，南山像一把怒刺云霄的剑。"

师：其实，座座山都怒刺云霄。再看"村"，有没有同学从文中摘录词语的？

生：（齐）山环水绕。

师：聪明！"家"中有没有可摘录的词语呢？

生：没有。

师：所以，这些同学都是用自己的语言去概括的。像清澈见底、泉边汲水、朴素……

生：（补充）坐北朝南。

师：是的，细细观察，很多房子都是坐北朝南建造的。课前，有几位同学问"百泉村到底是个怎样的村子"。通过交流，我们已经大致了解百泉村的山——

生：（齐读概括"山"的词卡）群山林立、怒刺云霄、奇峰罗列。

师：那里的泉——

生：（齐读概括"泉"的词卡）流水潺潺、涓涓细流。

师：那里的村——

生：（齐读）山环水绕。

师：那里的每一个"家"都是——

生：坐北朝南、泉边汲水、朴素。

师：同学们提供了这么多概括每章景物的词语，哪个词语更能体现它们的特点呢？（呈现学习要求）请同学们再次浏览四章，参考黑板上的词语，任选一两个概括每章景色的特点；边读边画相对应的语句，并将词语批注在语句旁边。怎么批注呢？（呈现例句）看，这个写山的句子——"你走在这

峡谷道上，仰望青蓝的天，像一条带子；两面的高山，像碧绿的屏障。"（示范批注，生齐读）

师：这个句子可以用哪个词语批注呢？可以用同学的词语，也可以从课文中摘一个更准确的词语。

生：山高谷狭！

师：你跟老师想到一块儿了。（出示批注：山高谷狭）现在大家开始朗读、批注吧！（生自主回读全文，批注概括每章景色的特点，圈画相关句子。师巡视，再次提醒全班同学"脑海里词库不够时，可以参考黑板上的词语"）

【点评5：批注的方式。不动笔墨不读书，这句话说明了动笔是极其重要的。教师经常安排学生进行批注式阅读，并进行针对批注式阅读的具体指导，对学生阅读能力的提升是大有益处的。】

师：我发现前面选读"山"的同学较少。我们先来看"山"。你批注了哪个词语？

生：奇峰罗列。

师：读一读体现奇峰罗列的句子。

生：（读）"你看这四周的群山，你会发现，南山像一把怒刺云霄的剑，北山像猴儿捧着蜜桃，东山像两座驼峰，西山像雄鹰展翅。"

师：他把"怒刺云霄"换成了"奇峰罗列"，你们觉得这句话用哪个词语批注更准确呢？

生：（大多数）奇峰罗列。

师：看，我们在比较后有了更明智的选择！大家又从哪儿读出了"村"是"山环水绕"的呢？读一读。

生："村"这章的第一句话。（读）"你爱我们这山环水绕的小山村吗？"

师：作者开门见山地说这里的村"山环水绕"。有谁批注了其他词语呢？

生：我批注了"欣欣向荣"。

师：那你读一读反映欣欣向荣的句子吧。

生：（读）"当你在峡谷里行走时，你会听见鸡的鸣叫、狗的吠声，还有孩子们的歌声和山村小学的铃声。"

师：多么热闹的小村庄！你读书很有自己的感觉！再看"家"这一章，你们选了哪个词语，又画了哪些句子呢？读给你的同桌听听吧。（同桌互读）

师：老师根据大家提供的词语，在各章圈画了一些相关语句。（呈现各章重点语句）让我们合作读一读这些句子。（师生合作朗读四章中的重点语句）

师：通过这样的合作朗读，我们大致游览了一遍百泉村。

三、以任务为驱动，合作绘画集合圈，发现布局谋篇特点

[师出示：作者为什么要分四章写百泉村？为什么每章第一句都要问"你爱我们（ ）吗？"为什么每一章的第一句都要用设问句？]

【点评6：提问的方式。学生提的以上三个有关文章结构的问题，具有较高的思维水准。这说明小学五年级学生的自学、思维、提问能力可以达到较高的水平。所以，语文教师要充分了解学情，充分相信学生，充分挖掘学生的潜力，要减少"教师问学生答"的被动教学状态。】

师：预习时，很多同学围绕文章的结构提出了疑问。谁能解答以上三个问题？

生1：我能解答第一个问题。因为作者每章写的景物不一样，所以分四章。

师：这样层次更清晰了。

生2：我能解答第三个问题。每章用一个设问句更能吊起读者的胃口。

师：吸引读者。好，继续交流。

生3：我认为第一个问题，还有另外一种解答。因为百泉村有四个突出的特点，所以分四章。

师：对，这四种景物最有特点。此处应该有掌声。她不满足于一种答案。很多时候，对同一个问题可以有多种理解。

生4：我认为作者分章写，可能是从大往小写。

师：你已经在思考这四章为什么这样分，有什么样的规律了。

生5：我可以解答第二个问题。作者为了吊读者的胃口，所以每章第一

句都问：“你爱我们（　）吗？”

师：看来，同学们通过提问、互相讨论，已经能解决一些问题了。接下来，就请男女生合作读一读"你问我答"的句子，体会这样的章节给读者的感觉是不是更吸引人。（男女生合作朗读）

师：每章都是这样"你问我答"，你有什么新的体会吗？

生6：感觉这样写有点儿像排比句式，整篇文章非常整齐，有点儿像一首诗。

【点评7：解疑的方式。我们提倡问题教学，学生通过合作交流、补充讨论，不断解答疑难问题。问题解答一小步，就是学习前进了一大步。】

师：不光文章的语句像诗，整篇文章也像诗。金波的文章的最大特点就是，诗一般的语言，诗一般的结构。这都被你们发现了！我们研究一篇文章，不仅要研究文章的结构，更要探究段或章之间的内在联系。比如，有同学提出的："章与章有什么关系？""它们之间是怎么过渡的？""作者为什么这样布局呢？"请小组合作探究四章之间的内在联系。[呈现四人小组合作学习要求：(1) 反复参照课文，用四个"○"分别代表山、泉、村、家，画出它们的大小和位置关系（可离散、交叉、重合、包含……）；(2) 从课文中找依据，并用中括号标出来；(3) 派代表阐述理由，注意结合课文内容。时间为5分钟。]

（四人小组根据要求合作画结构图，师提醒生先用铅笔画小样，再誊到A3纸上，并巡视了解学情。9组学生均完成后，将结构图贴到黑板上，并浏览、比较其他组的结构图）

【点评8：画图的方式。通过画思维导图学习文章的表达结构，这是颇有意义的做法。结构的整体样式和组合图形，是学生阅读和习作的难点。教师应积极引导学生，不断训练，经常强化。】

师：大家看，各组画的结构图一样吗？

生：（齐）不一样。

师：不一样该怎么讨论？合作学习就是这样，你有你的答案，我有我的想法，经常意见不一致。大家回忆一下，当这么多词卡不一样的时候，我们是怎么讨论的？

生：我们可以先找出相同的来比较。

师：那么大家看一下，9 个小组画出来的景有没有相同的地方，或者说哪个景大家画得比较一致？

生：（齐）山！

师：基本上，各小组都把山画在了哪里？

生：（齐）外面。（9 个小组无一例外地把山画在最外围）

师：（9 个小组的代表起立）说说你们把山画在外面的依据是什么？到文中找到依据读给大家听，其他各组随时补充。

第 1 小组代表：（读）"当春天来到的时候，桃花瓣儿、杏花瓣儿会随风飘洒在水面上，让小溪流带着它们，像载着一只只小船，漂到山外去。"课文说"漂到山外去"，说明泉在大山里面。

第 2 小组代表：我是从"你爱我们这山环水绕的小山村吗"，知道了小山村肯定是在山水中间，山一定在最外面。

师：不错，一个在"泉"中找到依据，一个在"小小山村"中找到依据。

第 3 小组代表：我也是在"小小山村"里找的。（读）"它那么小，即使你走进群山的怀抱，你也不容易发现它。它坐落在深深的山谷里。"

师：作者明明白白地告诉我们——这个村坐落在深深的山谷里。

第 4 小组代表：我是直接从"山"这章"你看这四周的群山"中找到依据的。

师：这句话告诉我们，百泉村的四周都是——

生：（齐）群山！

师：你们很会读书！其实，我们找到每个章节的过渡句，就能发现章与章之间的关系。刚才我们交流了一样的地方，然而当答案不一致的时候，我们还可以发现——

生：不一样的地方。

师：各组画的位置各不相同的，是哪个景？

生：（齐）泉！

师：这个组的泉绕在村和家的外面，这个组的泉与村交叉着，这个组的泉与山在一个圈子里，这个组把泉画在家里……各不一样啊！哪个组把泉画在了村与家的外面？读一读你们的依据。

生：（读）"你爱我们这山环水绕的小山村吗？"所以我们认为是山跟泉把村庄包围起来的。

师：把泉横贯村、山，还把泉画到了家里，这是哪个组画的？你们为什么这么画？

生：因为这是山环水绕的小山村，所以村中肯定有泉；山中也有泉，因为清泉在崖缝流淌；家中也是有泉的，"我家的这眼泉水是温泉"，说明家里也有泉。

师：山中有泉，村中有泉，就连家中也有泉，难怪这个村叫——

生：（齐）百泉村。

师：真的有100个泉吗？

生：百泉村是说这个村庄有很多泉，但不一定就是100个。

师："百"字告诉我们这个村庄遍布泉水。通过画结构图，你们有没有发现作者布局谋篇的特点？

生1：这四章是由面及点写的。（师板书：面→点）

生2：由略到详。（师板书：略→详）

师：哪个景写得最详细？

生3：家。

生4：这些景物由大到小，一个包含着一个。（师板书：大→小）

师：刚才有同学说作者是由略写到详写，严格意义上讲，"泉"以外的三章都不算是略写，但是"家"这章一定是全文最浓墨重彩的。预习时吴景越同学提出：为什么把"家"放在最后写，而且写得最详细呢？作者有什么用意吗？这次请同学们把你的答案，融入一句话中——（出示：家，＿＿＿）

生1：家，是作者最熟悉的地方，生活的地方。

生2：家是最温馨的地方。

生3：家是作者眼里最美丽的地方。

师：都说得很好！或许这就是作者浓墨重彩写"家"的原因。班上有7位同学问"文章表达了作者怎样的思想感情"。对于这个问题，我们就不展开讨论了，我相信你们一定有各自不同的答案！

【点评9：留疑问的方式。教师如果把学生提出的所有问题都解答了，这种教学被称为"全解教学"。全解教学往往是一种低效活动。这里抓大放小，留下一问不作答，其实就更加突出了教学重点。这是一种胆量和智慧！】

 总评

倪宗红老师执教的《百泉村（四章）》一课，以其独特的文本解读视角、鲜明的生本意识和语言意识，给学生和听课者留下了美好而深刻的印象。特别是倪老师在以"任务驱动"的学习方式促进学生语言核心素养发展方面做出了积极的探索。

1. 基于预习单的学习基点。

任务驱动是本课教学的一个重要理念。任务驱动的学习方式是多种多样的。本课采用了两种最重要的方式：预习单和导学单。用预习单确定学习的出发点，用导学单展开学习的发展点。

教师根据学生已有的基础和学习现状组织教学，是语文教学成功的前提。了解学情的途径有：教师的教学经验、对学生进行询问调研、课前完成的预习单等。

本课教学使用了预习单。预习单对教学起了很好的引领作用。教师根据对学生课前预习情况的统计分析，很有针对性地设计教学起点，并据此逐层展开教学过程。这样的教学过程是真实而有效的。

值得注意的是，为了减轻学生的课外负担，提高课堂教学效率，预习环节最好纳入课堂，作为课堂教学的起始环节。这样，能保证学生的预习时间，预习过程和预习效果显而易见。课内预习，虽然占用了课堂时间，但其教学意义是重大的。

2. 基于词卡的学习支点。

语言习得是小学语文教学的根本任务。倪老师在这节课中巧妙利用词卡进行语言转换，实现了"来""回""磨""合"的语言实践过程。

（1）"来"。教学初始，教师让学生在朗读推荐的过程中选一个词语描述该章景色，写在词卡上。在这个过程中，教师不动声色地引导学生推荐，诱发学生把自己最初的阅读感受写在词卡上。

（2）"回"。在学生贴完词卡后，教师敏锐地抓住了多名学生写了同一个词语的学习现象，对这些词卡来了一个"踢皮球"的招数："老师非常好奇，这些同学是独立阅读，怎么会都想到同一个词语？你们究竟从哪里读出了'涓涓细流'？读给大家听听。"这一招深刻地显现了教师精湛的教育艺术。老师看似"好奇"，实质是诱导学生在回读课文的过程中，品读散文个性化的语言。在这个"回"的过程中，看似平平常常的朗读，不仅是课堂的学习方式，更是学生习得语言的一种学习媒介。

（3）"磨"。在这样一来一回的过程中，学生逐步习得语言。但倪老师没有停留于此，而是继续推进。她话锋一转，"再来看，其他同学概括的词有哪个意思跟涓涓细流差不多？""你们从哪里读出了这层意思？读来听听。"教师把学生觉得不相同的词卡摞在一块儿，这看似不经意的品读却引导学生进行了独特的思考。

（4）"合"。倪老师对词卡的"合"最为精妙。倪老师说："同学们提供了这么多概括每章景物的词语，哪个词语更能体现它们的特点呢？"对第三学段的学生来说，能读文、能把文中的词句转化为自己的阅读所得，这是一个基本的言语习得过程。更高级的语言习得是，能够精准地把握阅读感受，并把这种感受转化为更为精准的言语表达，这是第三学段学生学习能力提升的关键过程，更是逐渐形成语文核心素养的必备过程。

可以说，倪老师在这堂课中扣住了学生自己写的词卡，让学生在"来""回""磨""合"中，在读文、悟词、回文、比较的过程中，不断地转化语言、习得语言、锤炼语言。这是散文教学的语言学习策略。

3.基于"导图"的学习视点。

倪老师的课让听者非常鲜明地感受到了不一样的散文教学思路：教师摒弃咬文嚼字、师问生答的教学方式，摒弃以教师、个别学生的精彩朗读为支撑的"情味浓浓"的精彩课堂，取而代之的是常规散文教学中极少使用的"结构图"这一比较理性的学习方式。教师引导学生将文本前后对照，边画边议，找到章与章的过渡，勾勒景与景的立体画面。巧妙的是，学生就是在这一张结构图的"比较"与"表达"的活动中，逐渐发现《百泉村（四章）》

的文本奥妙。比较是思维的内化过程，而表达是思维的外化过程。内外结合，促进了学生思维的深化。

（1）比较。当各个小组把画好的结构图一一贴在黑板上的时候，教师引导学生去观察各张结构图有没有相同的地方，或者说哪个景大家画得比较一致。在观察九张结构图的过程中，学生对图中的每一处景都需要时时检索，此时的学习不仅需要感悟，更需要理性的判断。经过一番观察和比较之后，学生惊喜地发现了所有小组的结构图中，都把"山"这一章的内容画到了最外围。教师引导学生发现文章在布局谋篇上的特色：百泉村是一个被群山环绕的小山村，"山"是作者所写的第一章，也是作者从大到小的表达线索。所以说，比较是语文学习比较好的方式。

（2）表达。倪老师不仅让学生观察比较结构图的异同，而且要求学生从语文学习的角度表达自己的依据："说说你们把山画在外面的依据是什么？到文中找到依据读给大家听，其他各组随时补充。"在这个过程中，教师通过提问，触发学生把思维力转化为言语力。在这个表达过程中，学生再一次发现了文本的奥妙：因为这是山环水绕的小山村，所以村中肯定有泉；山中也有泉，因为清泉在崖缝流淌；家中也是有泉的，难怪这个村叫百泉村。由此发现了课文结构上的奥妙：从面到点，从大到小，从略到详。可以说，表达是语文学习更有意义的方式。

从课堂效果来看，可以说结构图的使用，迸发了学生思维的火花，让学生的语言学习能力从量向质发展。更难能可贵的是，这节课还使学生懂得了这样的学习方式：读一篇文章，不仅要发现文章结构的形式特点，更要探究段与段、章与章之间的内在联系。

/ 2017年4月点评 /

名著的、方法的、交流的
——《老人与海》点评

[执 教 者] 浙江省杭州绿城育华小学／胡妙

教学实录与点评

教学目标：

（1）通过交流、小组合作的方式完成阅读单，梳理故事中最精彩的部分 —— 老人与鲨鱼搏斗的内容，提高信息梳理能力。

（2）通过发现、讨论等方式，探究老人永不言败的硬汉精神，初步了解著作的语言特点。

（3）学会以写推荐词的形式向身边人推荐文学作品。

【点评1：名著阅读交流课的教学目标该如何确定？不但要考虑一般阅读课共性的目标要求，而且要关注名著阅读交流课本身具有的个性教学目标，如名著"名"在哪些地方？阅读哪些内容？交流哪些问题？这也是名著阅读交流课的教学重点。】

教学重点、难点：

探究老人永不言败的硬汉精神，初步了解著作的语言特点。

教学准备：

学生在课前认真阅读世界名著《老人与海》。

【点评2：名著阅读交流课该如何安排教学过程？名著阅读交流课属课外阅读的范畴，它的教学过程要比一般课内阅读课更开放。本课设计了三个板块 —— 聊读、赏读、享读。这是一种立足于整体观照的板块设计，避免了从头至尾层层讲解的流水线做法。】

一、聊读

引导学生说说故事梗概，交流读后感受。

【点评 3：名著阅读交流课该如何导课？本课设计了"聊读"环节，聊聊故事梗概，聊聊读后感受。这样的导课是随性的、开放的、轻松的。但是"随性"不是"随意"，简约的导课更需要精心设计。本课的聊读活动过于简略。建议有二：一是要标明具体教学环节，展示学习过程；二是教师要采用适当的指导策略，不然会面临"草草走过场"或"放得开却收不回"的困境。】

二、赏读

1.赏读故事情节

（1）呈现课前调查结果，学生说自己的发现，交流喜欢某个情节的理由。

最喜欢的情节	人数
老人与鲨鱼搏斗的情景	19
老人捕捉大马林鱼的场面	7
描写海景的片段	2
老人最后带鱼骨头回来的画面	1
老人和力气最大的黑人比手劲儿的情景	1

【点评 4：名著阅读交流课该如何确定教学的起点？最有效的教学活动是建立在教师对学情充分了解的基础之上的。教学起始于学生的学，是一种"学本课堂"的理念。本课的课前调查及其呈现是有积极教学意义的。】

（2）小组合作填写阅读单，交流反馈。

①用课件呈现如下阅读单。

	第一次	第二次	第三次	第四次	第五次
攻击者					
攻击者数量					
老人作战工具					
结局					

学生观察阅读单，回忆书中情节或翻开书静静地阅读相关情节。

②小组合作完成阅读单。

[设计意图：阅读单的填写有些复杂，需要学生具备一定的信息搜索能力及概括能力，采用小组合作的形式可以降低难度，同时又加强了小组成员间的协作互助。]

③小组派代表发言。

【点评5：名著阅读交流课该如何选择交流活动的方式？本课采用小组合作完成阅读单的方式是值得称赞的。第一，阅读单是根据最受学生喜欢的精彩情节 —— 老人和鲨鱼搏斗的情景 —— 设计的。第二，阅读单是在学生自主阅读和小组交流后完成的，不是一项简单、机械的作业。第三，让学生以阅读单为凭借进行学习，有助于培养学生的信息搜索能力和内容概括能力，使学生的交流落到了实处。】

（3）借助阅读单，发现感悟。

①观察阅读单，说发现。教师根据学生发言，适时板书。

生1：鲨鱼的攻击力越来越强，鲨鱼的数量也越来越多。

生2：老人的作战工具越来越少了，战斗力也越来越差了。

生3：老人的体力会越来越差，作战能力也会越来越弱。

生4：老人的收获越来越少，到最后只剩下鱼骨头。

【点评6：名著阅读交流课该如何促进交流活动的深入？如果交流只是为了获得一个结果，那么必定是为交流而交流的形式主义。本课中，教师在填完阅读单后再次引导学生交流探究更有价值的东西，意义非凡！这体现了一种有效的"推动教学"思想 —— 推动学生进一步思考，推动学习的不断增量。】

②谈感受。

预设（学生回答的关键词）：永不言败、勇敢、证明自己……

③故事的结尾，你喜欢吗？说理由。

生1：不喜欢。有付出就应该有收获，老人那么辛苦还差点搭上了自己的命，却还是一无所获，这样的结局一点也不美好。如果我是作者，我会设计美满的结局，让老人满载而归，这样才对得起他的辛苦付出。

生2：喜欢。老人虽然没有满载而归，虽然那么辛苦只带回一个鱼骨头，可是他证明了自己，证明了自己还是有能力捕获大鱼的，证明了自己还是最棒的渔夫。这个过程体现了老人永不放弃、永不言败的精神。对老人来说，这是一次值得骄傲的经历，这也是收获。

【点评7：名著阅读交流课该如何呈现交流的主问题？主问题是讨论交流的基本话题，没有主问题，阅读交流课就犹如散沙。这里设计了关于故事结尾的讨论固然是有意义的，但是，主问题的呈现太突兀。教师只问一句："故事的结尾，你喜欢吗？说理由。"没有情境，缺乏设计。课堂教学中的"主问题"是需要精心而有创意地设计和呈现的。】

2.赏读作品语言

预设一：书中有不少哲理性语言，比如："一个人并不是生来要给打败的，你尽可以把他消灭掉，可就是打不败他。""不过话得说回来，没有一桩事是容易的。"……

预设二：书中的老人为排解孤独，鼓励自己，经常和自己说话，有大量的内心独白。

【点评8：名著阅读交流课该如何选择交流的内容？名著之所以成为名著，是因为"名"在吸引人的情节上，"名"在深刻的哲理上，"名"在语言表达上。如果教师以"三名"为线索选择和确定交流的内容，那么名著阅读交流课就会呈现出独特的精彩。本课还应该在交流"内心独白"的语言表达上花时间、下功夫，这是名著欣赏之重点，也是阅读之本质。】

三、享读

1. 交流如何推荐本书

预设：可以推荐本书的情节、语言、深刻内涵等。

2. 写推荐词，师生同交流

【点评9：名著阅读交流课该如何设计课的结尾？应该在交流上做文章。本课以"推荐"作结，是一种"总结式"的思维方式。我们积极倡导和努力追求"开放式"的课堂结尾，把学生的学习视野引向更为宽广的远方：从作品到作者、从作者的作品到作者的风格、从一个作品到一类作品、从文本作品到现实生活……】

 总评

本课的设计引发了我对名著阅读交流课设计和实施的进一步思考。

1. 名著的文本解读。名著阅读交流课取得成功的前提是教师对名著文本的深入解读。对名著的文本解读有几个特殊要求：（1）要经历一个复杂的解读过程。要善待文本、细读文本、读透文本、超越文本。（2）要全面欣赏名著的文、道、质。文就是文本表现或反映客观事物的语言文字，道就是文本的思想内容，质就是连接文与道的成文法则、表达方式。阅读名著，必须从文入手领悟道，从质入手解析文，再从道入手把握文，从文入手把握质。（3）要科学地把握文本解读的思维方式。要注意两种倾向：一种认为应尊重名著的文本价值，要站在历史的角度审视文本；另一种认为，历史是发展的，文本的解读是读者个性化的阅读过程，可以突破历史的界限，用现代意识或生活观来重新审视名著文本。

2. 阅读的前置设计。名著阅读交流课的基础是学生的自主阅读。只有学生对名著充分地自主阅读，才能确保名著阅读交流课目标的达成和教学任务的完成。所以，课前安排学生的自主阅读显得非常有必要，要精心设计：（1）要确保学生课前阅读名著有充分的、自由的时间。（2）要进行阅读方法的指导，让学生把从课堂教学中学到的课文阅读方法主动迁移到名著阅读中。

（3）要有学习任务驱动。设计阅读导学单，让学生课前自主完成，就是一种有效的阅读方式。

3. 交流的执行策略。名著阅读交流课的主体是交流活动。名著阅读交流的三个策略是：（1）交流的内容有故事情节概况、深刻的哲理启示、语言的理解和表达三方面。根据名著文本的不同特点，选择和确定交流的最主要内容。要保证最主要内容的交流机会和时间。（2）交流的方式有师生交流、生生交流。通过小组合作学习的方式，可以充分激发班级中生生交流的积极性，发挥群体优势。（3）交流的类型有信息交流、知识交流、情节交流、情感交流、方法交流、思维交流等。要突出学习名著的方法交流和思维交流。把名著阅读交流课上成集知识、方法与能力为一体的名著欣赏课，这是我们应当努力的方向。

／2014年4月点评／

融合的才是更好的
——"舌尖上的美食"（习作课）点评

[执 教 者] 浙江省杭州市文新小学特级教师／郑雪琴

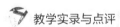 **教学实录与点评**

1.拉近师生距离

师：大家好！同学们辛苦啦，先来个课前餐吧。(播放美食短片)

(生开心地看，指自己喜欢的美食)

师：这位同学从头到尾都在欢呼，眼睛都放光啦！这份见面礼你们喜欢吗?

生：喜欢，特别诱人。

2.交流课前问卷

师：虽然我们才刚刚见面，但通过一份小小的问卷（课前发给学生填写），我对大家已经有了一丁点的认识。你猜我知道了什么？

生：我们班同学都很爱吃。

师：对，我们班有很多小"吃货"。

生：美食的魅力我们无法抵挡。

师：是啊，咱班同学不仅爱吃美食，爱聊美食，还爱做美食，很多孩子对美食爱不释手 —— 不对，"爱不释口"。

一、创设情境，介绍美食

师：早就听说食在广州，郑老师初来乍到，请你们给郑老师推荐一个你最爱的美食！

生：白斩鸡、云吞面、烤乳鸽、双皮奶……

师：刚才是你们流口水，这下子换郑老师掉哈喇子了！这么多美食，看样子同学们说上三天三夜都说不完呢！郑老师也查过资料，据说广州名菜有5000多种，与菜品有渊源的点心有815款。可我只有一个肚子，怎么办？

生1：选着吃。

生2：挑着吃。

生3：还是吃我推荐的吧，准不会后悔！

师：不如请同学们用笔来介绍你最爱的美食，然后，郑老师将根据大家写的美食的好吃指数去寻找我最爱的美食。可以吗？

生：（齐声）可以。

师：请一个同学来读一读今天的学习任务。（出示：写作任务：用一段话介绍自己最喜欢的一种美食，不能出现"好吃"一词，却能让人感到很美味。温馨提醒：调用嗅觉、味觉、视觉等多种感官来描写，"好吃"可以不出现，美味依然看得见！）

（生读学习任务）

师：明白了吗？嗅觉就是 ——

生：鼻子闻到的。

师：味觉就是——

生：嘴巴尝到的。

师：那么视觉就是——

生：眼睛看到的呗。

师：对了。简单地说，就是用你的笔描写一道菜的色香味。拜托大家啦！你的介绍将成为郑老师寻找美食的指南！

【点评1：任务的驱动。这个环节主要是创设任务驱动的情境。一是本次习作的基本任务，二是在生活中寻找美食的任务。学生的写作积极性很难自发形成，往往是在特殊任务的驱动下形成的。特别是为郑老师寻找美食的指南，这样的任务与生活联系密切，有助于激发学生写作的欲望。】

二、自主写作，写出美食

（生写作8分钟）

【点评2：时间的保证。语文素养是学生在积累和积淀中形成的，要有足够的学习和思考时间。尽管课堂时间有限，教师还是挤出8分钟时间让学生自由写作。习作课教师要让学生多动笔，留足时间让学生写。这种把写的时间挤入课堂的做法值得称赞。】

师：写完的请举手。

生：还没有写完。

师：看来美食好吃得一言难尽哪！那么已经写了五行的举手。（有二十多人举手）

师：八分钟时间大家差不多完成了五行100个字，那么40分钟大家可以完成四五百字。要祝贺这些同学，写作首先要有速度。那么用了多种感官描写美食的有多少，用三种以上感官写美食的呢？（有三十多人举手）

师：这是我们从四年级就开始学习的写作方法，从六年级开始我们要学习综合运用多种感官来描写事物的方法，先给大家点赞！

【点评3：初始的"素写"。学生写作要经历从素写到改写的过程。素写是学生自由自在、随心所欲的写，是没有外界具体要求的写。这种写是真实的、舒展的，其"习作"是原生态的。教师从这个原生态的学情出发，找到"生长点"，促进学生习作的深入。】

三、互动修改，"品尝"美食

师：我们请一位同学来读一读他介绍的美食，请全班同学来做美食鉴定：不好吃给0分，很好吃给5分，巨好吃给10分。

【点评4：有趣的评价。这种"0—10"横坐标式的评价方法，既形象直观又趣味横生，这要比"不好吃""好吃"的两极评判有趣得多。它反映的是一种阶段性、层次性、递进性的评价思想。而且，全体学生都参与其中，仿佛是在美食推介会上，人人充当美食鉴定家。其乐无穷啊！】

师：我现在用手机助手展示同学们的作品。

每次去茶楼，我都会点一碗云吞面，这是我最喜欢的美食。服务员把它端上来啦！只见一只大碗中躺着四五只饱满的云吞。一口咬下去，汤汁往外挤，虾的香味就出来啦。我又夹起面，浓郁的云吞面独有的鲜味扑鼻而来。面又细又长，别看它细却很有弹性。又鲜又滑又爽口的面在口齿间绽放。

【点评5：高效的助手。用学生的作品作为教学资源，是一种智慧的选择。教师用手机拍照快速地把学生的作品上传到大屏幕上，对教学助手运用自如，省时高效。这样的辅助教学设备是有效而可取的。】

师：注意哦，要精神抖擞地读，要让人听着就馋。（生读）

师：第一句直接说明自己最喜欢云吞面，简单明了。你们是怎么写开头的，有没有不一样的方法呢？

生1："民以食为天"，美食具有诱人的魅力，而广州美食的魅力更是让人无法抵挡，比如，香喷喷的乳鸽。

生2："上菜喽！"随着一声吆喝，我的最爱——红肠粉粉墨登场啦！

师：不错，用声音诱人，用俗语引题，使得开篇就让人感觉香喷喷的，了不起。大家仔细听听，大屏幕上出现的这篇文章中用了几种方法写云吞面好吃？

生1：面又细又长，这是视觉。

生2：香味、鲜味，这是嗅觉。

生3：又鲜又滑又爽口，这是味觉。

师：哦，三种方法。那么你觉得好吃指数是多少？

生1：5分吧，还行。

生2：觉得是好吃，但是谈不上最好吃。老师，别急着吃，也别吃撑了呀！

师：哦，我明白了，大家觉得还行，但是觉得不够过瘾。是吧？

生：是的，不能说是很好吃。

师：怎么才能写得更好吃呢？（生感到迷惑）

【点评6：互动的交流。课堂学习的一个很大特点是合作学习，包括师生之间、生生之间的交流。这里体现出了师生之间的交流。我们还要特别注意生生之间的互动。生生之间的互动才是课堂里平等的、高效的交流。】

师：这个云吞面算是一个开胃菜，吃了五分饱。礼尚往来，郑老师要送一道杭州特色菜给大家作为课间餐。注意，这里还藏着一个写作的奥妙，请你仔细观察怎么写美食才能写得更好吃。

一桌的菜，只有东坡肉才是我的最爱。这肉四四方方、油光发亮，浸在浓稠的肉汁里。顶上是红的皮，中间是白的膘，最后一层是红得透亮的精肉，那香郁的肉香让人胃口大开，不由得垂涎三尺。先抿一小口，又滑又酥的皮儿像糖一样在嘴中化开了；再一大口咬到了厚厚的精肉，感觉有点嚼头，有点韧劲，还有一股淡淡的茴香和酱香味；忍不住又一大口把整块肉都塞进嘴里，那滑滑、酥酥、香香的美味就像是一支舞蹈，在唇齿间跳跃与回旋！

【点评7：教师的指导。习作课离不开教师的及时参与和具体指导。教师展示"下水文"是一种值得提倡的指导方式。当学生普遍感到迷惑时，教师及时呈现自己的下水文，这既是一种学习上的比较，也是一种情感上的互动。】

生：老师也写了色香味。

师：说得不错。这一点和同学们是一样的。再观察得仔细点，在这三点中，哪些地方让你觉得好吃？

生1：写味道的时候写得比较仔细。

生2：是仔细地写了品尝的过程。

师：我们就聚焦这一部分，再仔细观察就能找到写作的小秘密喽。

生：按照一定的顺序写出了吃的过程。

师：重大发现之一。既然是舌尖上的美食，我们就要重点写出味觉，而且吃得要慢，细细品尝哦！

生：在写味觉的时候，还写出了自己的感觉呢，这让我觉得与众不同。

师：重大发现之二。在写味觉的时候，结合动作的细化，再结合自己的独特感受，就可以达到"'好吃'不出现、美味看得见"的目标啦！

生：那我们还需要些时间加以完善，给老师呈现一道更好吃的美食。

师：好，那就请同学们抓住味觉深入修改，写出自己的独特感受。用5分钟进行修改，注意用箭头做指示，用红笔做修改。

【点评8：学生的红笔。在传统的习作课上，都是教师用红笔批改。学生使用红笔，不仅是一种红笔使用者的更替，更是一种教学理念的变化。其意味着学生的作文是由自己修改的，学生才是作文的主人；也意味着习作课上要让学生多改，而教师要少改。教师对学生的作文要多将就少改动，多鼓励少批评。】

（生分别修改与完善）

师：同学们，现在可以呈上一道更好吃的美食了吗？有没有自告奋勇要来比一比的呢？

生：老师，我觉得我这道菜不错，我来读！（掌声雷动）

师：别忘了，用你的朗读来馋人哦！

生：嗯，我努力。

在广州，不喝一碗双皮奶，会后悔一辈子哦！

现在让我这个小吃货来为你介绍一下吧。从视觉来看，双皮奶就好像出水芙蓉一样清纯，再加上红枣、莲子等天然的装饰，简直美轮美奂。从嗅觉来说，它不像四川的豆花有一股独特的酱香，但它像桂花一样，清香扑鼻而来。细细品味，有一种沁人心脾的香味，根本不需要添加任何添加剂。牛奶、鸡蛋、白糖这三种材料搭配得天衣无缝，没有了蛋的腥味但是保留了它的滑，冲淡了糖的甜度但是依然带着小甜蜜，再加上牛奶的均衡与润泽，味道简直是妙不可言。我舀起一小勺，轻轻地含了一口，只感觉它调皮地坐着滑梯顺着舌尖逃跑了；再舀一大口，只见勺子上的双皮奶就像果冻一样，胖乎乎的、摇摇欲坠的，让人有一种想吃又怕吃完的矛盾心理。闭上眼，把一大块塞进嘴里，仿佛孙悟空一个跟斗云去了蟠桃盛会，尝到了最大最鲜最美的仙桃。

双皮奶，既带给你一种视觉上的盛宴，又带给你一种味觉上的满足，赶紧来一口吧！

（生鼓掌）

师：看样子这道菜不错，请美食鉴赏师打分吧。

（生纷纷举起双手，大部分给了十分）

师：祝贺这位同学，大家说这是"十分好吃"呢。请大家说一说，这篇文章哪些地方写出了"好吃"呢？

生1：我觉得他在写三种原料配合的时候让人感觉特别好吃。

生2：我觉得他把吃双皮奶的感觉描述得就像孙悟空吃了蟠桃，这种联想是独特的，也让人感觉特别好吃。

生3：我觉得他把双皮奶和豆花进行对比这个办法用得很好。

师：这位同学不是简单地用了几个词语来写色香味，而是结合自己的"吃"来告诉你们"好吃"，这个办法很有效！我们再来看看第一篇作文，在她的修改下，云吞面有没有变得更好吃呢？请我们第一位展示的同学再把她修改过的部分展示给大家。

每次去茶楼，我都会点一碗云吞面，这是我最喜欢的美食。服务员把它端上来啦！只见一只大碗中躺着四五只饱满的云吞。一口咬下去，汤汁往外挤，虾的香味就出来啦。我又夹起面，浓郁的云吞面独有的鲜味扑鼻而来。

面又细又长，别看它细却很有弹性。又鲜又滑又爽口的面在口齿间绽放，我一口气就把面吃完了。接着，我捧起了碗，热乎乎的汤连着蒸气，在我的舌尖翻滚。

【点评9：前后的对比。教师把学生前面写的与后面修改的作文进行对比分析，从中发现不同之处、进步之处。这是一个比较的思维过程，也是一种学习上的变化和课堂的增值。在有限的课堂教学时间里，安排比较同一学生前后写的作文，这种做法难能可贵。】

师：感觉更好吃了吗？

生：感觉好吃些了，可以说是"八分好吃"。

师：哦，还不是"十分好吃"？

生：嗯，你看她一口气把面都吃完了，吃得太急啦！（全班笑）

师：显然大家吃得不过瘾。你觉得可以怎么再写吃呢？

生：只听一阵"稀里哗啦"声，这一碗云吞面就被我风卷残云般地消灭了。

师：这明显是男孩子在吃嘛！再来一个吃得文雅一点的呗。

生：我夹了一筷子面，细长的面条争先恐后地滑到碗里去，好像叫我先吃云吞先吃云吞。好吧，我就用勺子舀了一个，一口咬下去，浓浓的虾味果然鲜香无比；再配上一口汤，温热、浓稠的汤水一下子温暖了我的胃，空空的肚子感觉满足了一点；再接着不紧不慢地夹起面条来细细品尝，感觉顺滑而柔软，就像妈妈的手轻轻地抚摸着我，舒服极了！

师：这个吃得好香啊！好吃指数多少呢？

生：十分。

师：果然是"十分好吃"啊！（全班鼓掌）接下来请四人小组交流习作，等会儿推荐一篇写得最好吃的在全班交流。（三分钟后，各组推荐写得"最好吃的"起立）

师：各位先生、各位小姐，美食大会正式开始。请各位美食鉴定师各就各位，在你听到你觉得"最好吃"的食物后就毫不犹豫地鼓掌。等一下请你为他点赞！请这些同学读一读，只要读写最好吃的部分就可以啦。注意：读的声音要诱人，还要有馋人的力量！（生分组朗读，略。师生安静倾听）

师：请同学们相互点赞，数一数每个小组都有多少人获得点赞。（生数数）

师：收到那么多赞美，心情怎么样？

生：看来我写得不错，老师你要去吃这个菜哦！

师：哦，这个推销很有用，要去吃！那么我再来采访一个同学，你为什么给那么高的分数，哪里让你感受到它好吃了呢？

生：他写吃的感觉很真实，让我也想吃啦！

师：欣赏别人也是一种能力。你的倾听与专注值得我们为你鼓掌！我将带着大家的指南去寻找美食。和你们一样，我也是一个"吃货"，爱吃美食，爱找美食，也爱做美食。有人说，与发现星球相比，发现美食的意义更重大。在所有的地方，唯独餐桌旁是最幸福的。希望每个同学都能发现关于美食的美丽风景。

【点评10：任务的聚焦。课的最后一个环节是班级美食作文展评。师生合作，对答自如，很是热闹。但是否能在写出味觉的任务上再聚焦一点，再推进一步？不要忘了，本课的重点是写出细致的味觉变化与独特的品尝感受。】

 总评

这是郑雪琴老师赴广州市海珠实验小学上的一节五年级的习作研讨课。这节习作课可以引发我们对课堂的一些思考。

1. 两个任务驱动。学生的习作是任务驱动的。本课设计了双重任务：一是为教师找美食，二是把美食写清楚。这就把情感目标和认知目标融合起来了。

2. 两次动笔写作。教学生习作就要在写上展开工作。在40分钟时间里，教师安排了素写和改写活动。这是不同水平的比较和融合。它符合最近发展区理论，在学生的现有发展水平和最近发展水平之间，可以发现和促进学生发展的可能性。

3. 师生一起写作。习作是一种复杂的学习活动，需要教师和学生构建一个学习共同体，共同参与，互动交流，一起写作，集体评改。这堂课是平等、自然、融合的习作课堂。

此外，本课在时间的融合、多媒体的融合、红笔的融合、广州与杭州的融合等方面都做了积极的努力。如果能将"一般目标"（用视觉、嗅觉、味觉写）与"重点目标"（写好味觉）更好地融合，那将是更完美的。

/ 2017年12月点评 /

基于核心素养的习作教学探索
——"一波三折来写事"（习作课）点评

[执 教 者] 浙江省杭州市濮家小学特级教师／鲍海淞

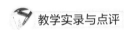 教学实录与点评

一、创设情境

师：（课前讲了一个笑话）同学们，课前有趣的笑话让我们一下子就放松了，现在我们开始上课吧，请同学们拿出语文书。（众生不知所措，桌子上都没有语文书）

师：（有些生气、严肃）上语文课怎么能没书呢？

生：（勇敢地举手）鲍老师，你弄错了。夏老师说今天来这里上课不用带语文书，说是上作文课。

师：（看看屏幕，恍然大悟）对呀，这节是作文课，老师习惯成自然，总是一上语文课就说要拿出语文书了。我们四（6）班的同学能大胆地指出老师的错误，真不错！（众生发出了"啊"的声音，议论纷纷，都说老师又错了）

生：老师，您又搞错啦，我们是五（6）班。

师：（紧锁眉头，语气肯定）什么？不可能。老师肯定没搞错。我上的就

是四年级的课呀！不信我们可以再问问夏老师。

夏老师：（抱歉地说）不好意思，是我们搞错了。这节课确实是应该先让四年级的学生上的。鲍老师，您看是让他们继续上，还是换回四年级的班级上？（众生面面相觑，教室里寂然无声）

师：（犹豫）课都已经开始了，这该怎么办呢？那就听听班长的意见吧，相信他的意见能代表全班同学。

班长：（犹豫了一会儿）老师，既然我们都来了，您就给我们上课吧！不然来来回回也很浪费时间！

师：（略做思考后点头）好，就听班长的！我们就将错就错，继续上课吧！生活中有很多美丽也是从错误开始的，这或许是因为我们特别有缘分吧！

【点评1：提供鲜活的素材。儿童习作最怕的就是无话可说，无事可写。教师精心演绎这个情境，以"拿出语文书"、上错班级等情节让孩子们体验心情的起起落落，为他们"一波三折来写事"提供生活素材，触发真实感受，让课堂习作有实事可写，有真情可表。】

二、明确要求

师：这是一节作文课，据说好的习作都是现场生成的。既然刚刚发生了这么曲折又有趣的事，要不我们这节作文课，就把这件事写下来吧。（板书：写事。生表示赞同）

师：谁能简要回顾一下刚才发生的事？

（生回顾事件，师随机板书：轻松上课、拿语文书、上错班级、将错就错）

师：大家把这四个情节联系起来，有什么特别的感受与发现？[师生交流，板书标注箭头："轻松上课"心情不错，箭头上扬（↗）；一听"拿出语文书"吓一跳，箭头向下（↘）；听到是老师错了，心里一阵轻松，箭头又上扬（↗）；可发现上错班级，吓坏了，箭头急速下降（↘）；还好继续上课了，箭头终于又往上了（↗）]

师：看着这些箭头，你想到了什么词？

生 1：起起落落。

生 2：七上八下。

生 3：一波三折。

师：可不是嘛，事情往往不是一帆风顺，而是一波三折的。（板书：一波三折）让我们赶紧拿起笔，把刚刚发生的还冒着热气的事情，快速写下来吧！如果能将这几个情节中，所看到的、听到的、想到的细节也写出"一波三折"的感觉，那就更好啦！（边说边画：眼睛、耳朵、心）下面我们就"一波三折来写事"，题目自拟。时间有限，建议大家直接写事情，开头和结尾各写一句话即可。

【点评 2：梳理事件的情节。这既给学生提供了习作的提纲，又帮助学生梳理了习作的整体架构，以事情的发展顺序写事会让故事更完整、更清晰。同时引导学生发现事件一波三折的特点，并要求在即时作文中写出一波三折，让习作目标明确且重点突出，让学生的习作能力在指向清晰的实践中得以有效提升。】

三、即时作文

（生现场写作，个个专注投入，奋笔疾书。师巡视指导，个别交流评改，热情鼓励。20 分钟后，每个学生已经写到 300 字以上，大部分学生完成了 400 字以上的习作）

师：老师真是惊叹于同学们的写作能力，短短 20 分钟的时间，很多人都写出了 400 字以上的作文。真的太棒了！为你们鼓掌！

【点评 3：确保自由书写时间。学生在 20 分钟写出 400 字以上的作文，可能吗？上这堂课的学生给出了一个肯定的答案。只因为刚刚亲身经历，不需回忆，事情就在眼前，感受就在心里。学生有了真感受、真体验，就可以洋洋洒洒，一气呵成，下笔成章，下笔有神。这样的课堂即使写作文耗时再长，都比看似高效的作文指导课，更容易让学生建立自信，爱上习作，不再害怕作文。】

四、习作讲评

（师有选择性地展示两位学生的习作。第一位学生的习作情节完整，但不够具体，同学纷纷进行了评价，略）

师：如果能加入自己的心情，再把大家的表情、动作和说的话也写进去，那刚才的事情就可以生动地再现，"波折"也就更有趣啦！我们再来看陆祺霖同学的习作《一波三折的一堂课》。

我们受到邀请来大学上一堂作文课。

"上课！"鲍老师说道。然后，她给我们讲了一个笑话，幽默极了，我们哄堂大笑，怀着轻松的心情开始上课。鲍老师笑着说："请同学们拿出语文书！"我的心顿时凉了：难道弄错了吗？我们得到的指令是不带语文书哇！我向两边的同学看了看。他们有的用手在桌子上摸来摸去，似乎想把书"摸"出来；有的呆坐着，张着嘴巴；还有的不由自主地望向老师，似乎想对老师说什么，又止住了。"鲍老师，你弄错了。"一个同学大胆地说了出来。鲍老师一拍脑门，尴尬地说："老师习惯成自然！"还好，还好，我提着的心瞬间放下了。

可是一波未平，一波又起。我的心还没来得及回到原位，又听鲍老师说："我们四（6）班的同学……""不对！不对！老师，我们是五（6）班！""老师不会又弄错了吧？"同学们都慌了神，叽叽喳喳，礼堂里像炸开了锅。"错了！错了！"我在心里大喊。"不可能。老师肯定没搞错。"鲍老师似乎有一些慌张。"请问夏老师，这是怎么回事？"鲍老师疑惑极了，问起了我们的老师。"不好意思，是我们搞错了。"夏老师说。那怎么办呢？我急坏了。还好班长站起来表态了，鲍老师也说："将错就错，继续上课吧！"一句话总算把我的心从谷底拉了上来。呀，这真是一堂一波三折的课！

我可喜欢这堂有趣的课啦！你瞧，这字上不是还冒着热气吗？

（该生读完，课堂上响起了热烈的掌声，孩子们纷纷夸赞文章中多处具体生动的细节）

师：热气腾腾的事情，谁都可以写得这么好呢！接下来，让我们也如他一般抓住刚才所看到、听到、感受到的每一个细节，修改补充自己的习作。修改好后，同桌互评，找出写得特别精彩的语句，我们一起再来展示。

（生修改互评后按照开头、四个情节、结尾的顺序，再次集体展示描写精彩的语句。课堂上掌声不断，略）

师：同学们真是能干，不光把整件事写得一波三折，每一个小情节也写出了一波三折！

【点评4：习作的展示和讲评很有必要。教师选取了典型例文，引导学生紧扣"一波三折"，从事件的完整性与细节的生动性上展开思考与交流后，对习作进行修改与再展示。让学生懂得并学习写一件事不仅要写出情节的一波三折，还要对人物的动作、神情和心理活动等进行细致描写，让一波三折既有情节又有细节，让文章扣人心弦，读者读后如身临其境。】

五、教师指导

师：通过即时写作、讲评交流与认真修改，几乎每个同学都能"一波三折来写事"，让情景生动再现，真能干！下面我们再来看一位同学的作文的结尾部分，他写得很精彩，更有自己与众不同的感受。（呈现作文的结尾部分）

今天的语文课真是一波三折呀！心情一会儿激动，一会儿紧张，过了一会儿又平复了。虽然我觉得这是鲍老师和夏老师演出来的，但是可以上到鲍老师的课，稍微出一下丑也没什么关系。

啊，这真是一节有趣的语文课！

（该生读完习作，孩子们又一次呆住了，个个半信半疑。师随机朗读下水文《"一波三折"的惊喜与收获》）

应校方的邀请，我怀着激动的心情，踏上了前往上海的动车。这可是我第一次到上海执教作文课。和我一起上课的孩子们会不会很聪明、可爱呢？

他们会进入我为他们创设的"错误情境",并原谅我这善意的谎言吗？……
"前方到站上海虹桥站……"列车上响起的播报声，一下把我拉回了现实。我急忙下车，直奔地铁售票处。

看到长长的队伍，我不由得急了。已经晚了，再一排队，不会赶不上下午的活动了吧！所幸队伍移动得还算顺利，终于轮到我的那一刻，我松了一口气，紧盯屏幕，选好十号线交大站。看着显示出的四元票价，我迫不及待地打开钱包，一看，愣了！都是一百元！啊呀，昨天买菜几乎把零钱都花光了，今早急着出门忘记再放一些零钱了！我用手使劲儿探了探包底，搜索再三只找出两枚五角的硬币。那就用一百的吧。抽出大钞再抬头，却发现屏幕上赫然排列着的可以使用的纸币是：5元、10元、20元、50元。我仔仔细细地用目光来回扫射，一次又一次地确认……这是不能使用100元的意思吗？我顿时蒙了！怎么办？我得出去换了钱再重新排队买票吗？那就真赶不上了！我不由得焦急地回头张望。

当看到站在后面的大姐手拿20元纸币时，我不由得灵光一闪，厚着脸皮说："您好！我只有100元纸币，买不了地铁票。您能帮我购票，我再用支付宝转给您吗？"她一听，立马笑着说："我帮你买吧！我先买，再换出零钱来给你。"一拍即合的感觉真好！而且很巧，她也是坐十号线。在她买好票递给我四元硬币时，我直雀跃，毫不犹豫地接过来。塞着硬币的同时，我开心地说："您发我支付宝二维码吧，我马上转给您！""不用！不用！我给你买就是了！"她笑着直摇头。"不行，不行，钱一定得还呀——"最后"咣当"一声，地铁票终于出来了。我把票取出，再转身却发现帮我付钱的大姐已经不见了。

我急忙拉着箱子走出队伍，四处张望，就是找不到她。而且，我发现自己根本不记得她长什么样，穿什么颜色的衣服；能想起的，只有她热情的笑容与爽朗的声音。我只得急匆匆地向十号地铁站台赶去。她或许还在等车呢，我应该能够认出并还给她钱的。即便她坚决不肯收，我也得好好向她道谢，或者送她我包里的一个苹果也好……可当我赶到站台时，列车却刚好合上了车门，一眨眼工夫便呼啸而去。

站台上只有寥寥数人，我知道钱是一定还不上了，苹果也无法送出了。

一种莫名的感动渐渐萦绕上心头，我第一次用近乎深情的目光注视着列车开去的黑色前方，发现黑色原来也可以承载温暖。

当我收回目光回到明亮的光影中，来到上课的会场上，我坚信，我一定会遇到最善良、可爱的孩子，他们一定会懂得远道而来的我设置这个情境的良苦用心，他们一定会和我一起记录生活、感受细节的美好。因为生活总会在不经意中带给我们许多温暖与感动，哪怕是从错误、疏忽和善意的谎言开始，也总是会有意想不到的惊喜与收获。难道不是吗？

（师读完下水文，众生热烈鼓掌）

师：孩子们，这是老师昨天经历的事，昨晚我马上把它写了下来，今天作为下水作文送给你们。你们能原谅老师说的善意的谎言吗？

生1：老师，您太厉害了！我完全被您蒙住了，一点都没有怀疑那是假的。但是我觉得这样也挺好的，不然我们也写不出这么好的作文呢！

生2：老师，您自己都说了，这是善意的谎言。您是为了让我们写出好作文，我觉得没有关系。

生3：老师，我也觉得没关系，还特别感谢您带给我们这样精彩的课堂，带给我们这么多的感动！更让我知道了原来20分钟我也可以写出四五百字的好作文，以前我连想都不敢想呢！

生4：老师，虽然我现在知道了有些吃惊，感觉有点怪怪的。但是看看自己写的作文，听着您写得这么好的文章，我觉得这也算是一种"一波三折"，感觉结局还是很美好，很快乐的……

师：孩子们，真的特别感谢你们！这节课我们将错就错，一波三折，却上出了别样的美丽，写出了一波三折的精彩，同学们真的很棒！错误并不可怕，很多美好与快乐都是从错误开始的。而写作更不可怕，生活中像这样的小小的有趣的事太多了，只要我们勤于动笔、快点记录，我们的作文就都可以像这篇作文一样热腾腾又活生生的。

【点评5：师生之间的交往必须真诚。课堂情境是教师特意创设的，教师并非真的上错了班级，敏感的学生一定有所怀疑。教师发现了有学生写了真实情况的作文并进行了展示，再读自己"一波三折来写事"的下水文，向学生讲述自己真实的经历与忐忑的内心，让学生相信教师善意的初衷与用心良苦，也为学生发掘了自己潜力无限的习作能力和即时作文的生命活力。美好的真情，是写作不竭的动力与源泉。】

 总评

这是一节体验型作文课。此课目标集中，任务具体，主线清楚，板块合理，不失为一节简约而不简单的好课。本人曾提出过小学生语文学习的三大核心素养：态度素养、语言素养和文化素养。据此，下面从小学生习作核心素养的三个要素出发进行简略分析。

1. 良好的习作态度。良好的态度是习作开展的基本前提和习作成功的重要保证。在本课中，我们可以发现三处较为明显的培养学生良好习作态度的做法：(1) 设计与习作内容有关的体验情境。(2) 提供较多的学习疑问和学习期待。(3) 采用众多激发兴趣的方法和手段。这是本课学生乐意参与、积极主动、课堂气氛活跃的重要原因，也是促进学生对习作向"有趣→兴趣→乐趣→志趣"方向发展的推动力。良好的习作态度是小学生习作核心素养的"必备品格"，弥足珍贵。

2. 扎实的语言表达。语言表达是小学生习作核心素养中的核心，习作训练必须在语言表达上下功夫。其主要思路是：(1) 提出语言表达的习作要求。如本课中的"一波三折"既是习作的重要表达方法，又是比较聚焦的训练项目。(2) 留出语言表达的习作时间。如本课留出20分时间专供学生动笔练习。(3) 进行语言表达的效果评价。如本课中对两位同学写的作文进行班级评价。这样就使学生的语言表达活动在课堂里真实地发生了。值得称道的是：整节课都是紧扣情节的一波三折展开习作过程的，牵一发而动全身，一课一练，一课一得，简约而有效。更难能可贵的是，教师对"一波三折"的箭头图示，为语言表达提供了思维导图，颇为有效。

3. 随机的写作文化。如果只是一课一练，学生必定疲于练习，丧失可持续发展的动力。习作课上的文化氛围、文化意识和文化自觉，是习作可以持续的重要精神支撑。文化是一种强大的推动力，是习作的"生命元素"，必将使学生终身受益，所以其意义是永久的。本课中教师的一些引领，即是一种文化现象，"生活中有很多美丽也是从错误开始的"。又如，教师的下水文体现出师生平等的学习伙伴关系。可能的话，教师还可以有意识地渗透一些文化元素。例如，展现更真实的学习情境，让习作与阅读链接一体化，开展一波三折与平铺直叙的表达效果比较分析等。

　　可以形象地说，习作态度是根，语言表达是本，写作文化是枝叶，三者共同构成小学生习作核心素养这棵大树。所以，我们不能就课论课，而应就课说理。如果能更多地从小学生习作核心素养这个角度思考这节课的设计和实施，那将是更有意义的了。

/ 2017年2月点评 /

语言，在"特点"中习得

——《杨氏之子》点评

[执　教　者] 浙江省苍南县巴曹镇第二小学／缪志木
[教材课文] 人教版课标本五年级下册

杨氏之子①

　　梁国杨氏子九岁，甚聪惠。孔君平诣其父，父不在，乃呼儿出。为设果，果有杨梅。孔指以示儿曰："此是君家果。"儿应声答曰："未闻孔雀是夫子家禽。"

---

　　① 本文选自南朝刘义庆的《世说新语》。

师：古代有很多东西跟现代都是不一样的。你们知道那个时候的学校叫什么吗？

生：私塾。

师：古代的学校有叫私塾的，也有叫书馆的。你们知道古代的老师叫什么吗？（生说古代老师和学生的称呼，师让一名男生和一名女生把自己的姓氏写到黑板上）

师：孩子们，那时候人们把有学问的人称为夫子，老师是有点学问的，所以也被称为夫子，夫子称自己的学生为弟子。这节课，我们就以"夫子"和"弟子"相称。弟子们好。

生：夫子好。

师：古代男人与女人在行礼时是不同的，男人是一拉长袖，向前一拜；女人是把双手放在右腰边，顺势一弯。（做动作演示。生笑，脸上的紧张状荡然无存）

【点评1：根据课文的文言文特点组织课前谈话。《杨氏之子》是小学阶段学习的第一篇文言文，教师通过课前谈话，对学生进行古代文化的熏陶。谈话中提到的"夫子"，即是课文中要解决的一个文言词语，此乃教师的精心设计。这样的导课，还能有效地拉近师生之间的情感距离。】

师：这节课，夫子要带着弟子们去学习一个发生在一千多年前的小故事，读——

生：（读）杨氏之子。

师："杨氏"在这里单指姓杨的人家，那么"杨氏之子"呢？

生：是指姓杨的人家的儿子。

师：很好。那么姓曹的（指着学生的板书）就是——

生：曹氏之子。

师：姓张的就叫——

生：张氏之子。

师：这样叫行吗？

生：（马上意识到）不行，应该叫张氏之女。

师：是的。古代的这个"子"字啊，一般是指男性。给大家一个机会，请弟子们用上自己的姓氏说说自己。

【点评2：根据文言文的学习特点组织教学。"杨氏"在文言文中有多种解释。因为学生第一次接触文言文，执教者没有展开，而是直接告诉学生，这里的"杨氏"指的是姓杨的人家，合情也合理。而且，执教者利用学生的板书，通过迁移，让学生加深对课题的理解。】

师：这篇课文写了杨氏之子的什么事呢？请看大屏幕。（出示学习提示一：自由读课文，把课文读通顺，边读边想，这篇课文与我们学过的课文有什么不同之处。生读课文）

师：好，谁先谈谈自己的发现？好，你先来。（生谈自己的发现，如文本排列、没标点等。师简单介绍文言文的特点，略）

师：请诸位拿起笔，再去读读课文。你认为这个小故事到哪里是一句的，就在那里加个句号，就是画个圈。因为那时候的文章是没有标点的。（生读课文）

师：夫子欲读，诸位想听否？

生：想。

师：拿起笔，边听边给课文加上正确的标点。（有意在句号处停下）

师：（出示课文）请诸位看看课文，你所加的标点是否跟课文相同，把自己与课文不相同的标点改过来。

【点评3：根据小学生的学习特点体现出教育是一种"慢"的艺术。执教者善于等待，等待不仅仅能满足学生的心理需要，更重要的是能照顾到"差生"，让每个学生都有读完三遍课文的机会。教师对文本的处理，也是很有特色的。教师有意将文本进行重组，将55个文字竖着排列，且不标一个标点，让学生在初读的时候，就能感受到文言文的特色。教师的进一步介绍，则让学生明白了文言文与白话文的区别。】

师：孩子们，有道是"读书百遍，其义自见"。请大家结合学习提示二再去读读课文。（出示学习提示二：再读课文，用看注释与联系上下文的方法，试着读懂每句话的意思，也可以和同桌做交流。生读文）

师：弟子们，读明白了吗？谁先站起来做个汇报？你读懂哪一句就汇报哪一句。（师生交流，师随机引出理解文言文的几种方法）

师：弟子们，从刚才的汇报中，你们听出了这是一个怎样的杨氏之子？可以用自己的话说说，也可以用书上的一个词来概括。（出示：____的杨氏之子）

生：聪明的杨氏之子。

师：不错，能用文中的一个词来说说吗？

生：聪惠。

师："惠"是生字，我们一起把它写好。（板书：聪惠。师生一起写惠字）惠是什么意思？

生：同"慧"，是智慧的意思。

师：你是怎么知道的？

生：下面的注释里写的。

师：很好。这就叫看注释。看注释是读懂文言文最常用的一种方法。

【点评4：根据学法特点引领学生主动学习。"读懂哪一句就汇报哪一句"，不错，教师做到了以生为本，一切以学生为主，通过学生的汇报、交流，挖掘文本的内涵，突出人物的特点，并在交流中对学生进行学法指导。看注释和联系上下文，是学习文言文最常用的两种学习方法。教师很有必要在课堂上进行学法指导。】

师：文中哪些地方体现了杨氏子很聪明？请弟子们再去读读，画画，想想，写写批注，养成"不动笔墨不读书"的好习惯。

生：夫子，我认为"儿应声答曰：'未闻孔雀是夫子家禽'"可以体现杨氏子的聪惠。

师：（出示第五句话）能说说你的理由吗？

生："应声答曰"，就是马上回答，能马上回答孔君平的话，说明杨氏子很聪明，很有智慧。

师：妙哉！那夫子就读孔君平的话，你马上读杨氏子的话。"此是君家果。"

生："未闻孔雀是夫子家禽。"（师生反复读对话）

师：还可以从这句话的哪些地方看出杨氏子的聪惠？

生：还可以从"孔雀"一词看出他的聪惠。因为孔君平姓孔，他就拿孔雀来比喻。

师：这里不叫比喻，应该叫借用。哦，原来孔君平是拿杨梅来捉弄杨氏子啊！杨氏子马上用——

生：用孔雀来反驳孔君平。

师：好一个聪惠的杨氏子，竟在孔的姓氏上做起了文章，以牙还牙呀！你也甚聪惠，居然读懂了这一层意思。诸位，在杨氏子的话里，还有什么地方可以看出他的聪惠？

生：我们还可以从"未闻"一词看出他的聪惠。

师：怎么说？

生："未闻"是没有听说的意思。他说没听说孔雀是先生家的鸟。这话听起来好委婉哪！

师：你真会理解。一个九岁的孩子能用很委婉的语气跟对方说话，真是不简单，是很聪惠。弟子们，捉弄杨氏子的孔君平要是姓凤呢？你说杨氏子会怎样回答？你说。

生：未闻凤凰是夫子家禽。

师：厉害。那要是姓毛呢？

生1：未闻毛豆是夫子家果。

生2：未闻毛驴是夫子家禽。

师：毛驴能说"禽"吗？

生：不能。

师：怎么改？

生3：夫子家兽。

生4：夫子家畜。

师：我比较认同后者。多么巧妙而又委婉的语言哪！弟子们，这就是语言的艺术！你还从哪些地方读懂了杨氏子的聪惠？

【点评5：根据语文学习的思维特点推进教学过程。以读求悟，以悟促读，通过分角色对读人物的对话，让学生加深对"应声"的理解。对话是文章的重点所在，执教者始终抓住对话不放，让学生通过反复的、不同形式的读，读出了一个"聪惠"的杨氏子，读懂了文中的"家禽"与白话文中"家

226

禽"的区别。再将"孔君平"的"孔"姓，换成了"凤""毛"等姓，让学生真正学习并运用了语言的艺术。此亦本课堂教学特色所在。】

生：夫子，弟子认为杨氏子除了很聪明以外，还是个很有礼貌的孩子。

师：好哇！夫子愿闻你的高见。

生："为设果，果有杨梅。"杨氏子不仅会接待客人，还给客人摆上了水果，真有礼貌。

师：妙哉！妙哉！弟子真会读书。（出示第三句）读。（生齐读）

师：学到这里，夫子相信，诸位在理解的基础上将会把古文读得更好。谁先读读？好，你先来。（生读文）

师：读着读着，诸位肯定把全文背下来了，谁先来？好，请你先来吧！能面朝着老师们背背吗？（生背诵）

师：孩子们，下面请大家在课文中找出自己喜欢的一句话，把它的译文写在课文纸上。（生翻译，师巡视，指名汇报）

师：都很好。夫子要求大家回去之后再去对照注释，有兴趣的可以把全文的译文写在课文纸上。

【点评6：根据文言文教学的重点组织教学。文言文教学应该把重点放在朗读和理解之上。学生只有理解了文章的意思，才能把文章读好，才能读出古文的韵味。而是否理解的检验标准是，能否将文言文翻译成白话文。"有兴趣的可以把全文的译文写在课文纸上。"这一设计有梯度，既能让优等生吃好，又能让后进生吃饱。】

🖌 总评

教学本课应特别关注文言文的特点，根据课文的特点进行有特点的设计和有特点的教学。这堂课有三个特点值得借鉴。

1. 语文课程的特点。这节课教师始终紧扣语文课程的语言性，进行听说读写教学。

2. 文言文教学的特点。这节课教师注重文言文的朗读与理解，做到了"读悟结合"，突出了文言文语言表达特点。

3.学生学习的特点。这节课教师能从学生的基础、情感、思维出发，做到"以生为本"，注重对学生的学法指导和思维训练。

/ 2010年5月点评 /

语文味在哪里
——《小草和大树》点评

[执　教　者] 北京市北京小学特级教师／吉春亚
[教材课文] 苏教版六年级上册

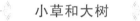 小草和大树

谈雨山

以长篇小说《简·爱》著称于世的英国女作家夏洛蒂·勃朗特，堪称逆境成才的典范。她的生命艰辛而又壮丽，像一朵傲放于风沙中的仙人掌花。

1816年，夏洛蒂出生于英国北部一个穷牧师家庭。童年的一段生活是靠富人施舍，在慈善学校里度过的。母亲不幸早逝，撇下她和嗷嗷待哺的两个妹妹艾米莉和安恩，还有一个弟弟。作为姐姐，她不得不过早地承担起一部分维持家庭生计的责任。除了洗衣、烧饭、缝缝补补，还要拾柴、捡破烂，替富有人家带孩子。她从小要强好胜，生活再艰苦再劳累，都不肯放弃学习。上不起学，就和弟妹们在家里跟父亲读书。迫于生活，夏洛蒂和妹妹当过家庭教师，办过寄宿学校。尽管成年累月在艰难中谋生，她们却始终没有停止过写作尝试，都希望用笔敲开幸运之门。

1836年12月，20岁的夏洛蒂怀着惴惴不安的心情，把自己认为最好的几首诗，寄给当时大名鼎鼎的桂冠诗人罗伯特·骚塞，希望能得到她所崇敬

的文学前辈的指点、提携。她苦苦地等了几个月，直到第二年春天，才得到一封远不止使她失望的回信。诗稿原样退回，骚塞还以傲慢的冷冰冰的口吻训诫她："在大自然里，小草和大树都是上帝的安排。放弃你可贵而徒劳的追求吧——文学，不是妇女的事业，而且也不应该是妇女的事业。"她在一阵锥心的羞惭和痛苦中昂起头来，把这封浸透冷酷和偏见的信钉到床头，让它随时刺激、鞭打自己的灵魂。两个妹妹跟她一样被激怒了，发誓偏要在这个"不是妇女的事业"上闯出一条路来。

文学这条路毕竟太狭窄、太陡峭了。夏洛蒂姐妹的诗倒是写了不少，发表出来的却寥寥无几。姐妹三人节衣缩食，于1846年自费出版了一本诗集，结果仅卖出了两本！

沉重的打击只能使弱者低头叹息。夏洛蒂和两个妹妹没有悲观退缩，没有失去自信心。经过慎重的反思、权衡，夏洛蒂劝妹妹们把创作着眼点转到小说上来。她说："想来咱们的生活遭遇适宜用小说表现。不必再枉费心血去强摘诗的苦果子了，咱们改写小说！"于是三姐妹在荆棘丛中开拓新路，向小说领域驰骋神思妙笔。

夏洛蒂以自己为原型，开始创作长篇小说《简·爱》。她和妹妹们怀着一样强烈的愿望和急切的心情，要把在诗的迷途上失去的时间、精力抢回来。三姐妹以罕见的精神毅力，争分夺秒，孜孜不倦地写作着，她们走路、干活、会亲友，都带着铅笔、本子，随时随地把脑子里闪现的思想火花记录下来。

她们的路走对了！她们硬是用钢铁般的意志，敲开了文学圣殿的大门，硬是用汗水和心血把"小草"浇灌成"大树"。她们庄严地向传统的观念和陈腐的偏见宣战：世界上不存在什么"不是妇女的事业"！一年后，夏洛蒂的《简·爱》出版了。小说一问世就受到广大读者的热烈欢迎，引起评论界的广泛重视。几乎同时，艾米莉的长篇小说《呼啸山庄》和安恩的长篇小说《艾格尼斯·格雷》相继出版，最终也获得极大的成功。三姐妹的脱颖而出，震动了英国乃至世界文坛，成为世界文学史上少有的盛事。

学习目标：

(1) 学会本课中的 9 个生字，两条绿线内的 9 个生字只识不写，理解词语。

(2) 能品味"她的生命艰辛而又壮丽，像一朵傲放于风沙中的仙人掌花"这个比喻句的含义，并组织语言恰当地表达出来。

(3) 能组织书面语言准确、清晰地表达夏洛蒂取得成功给自己的启示。

学习重点和难点：

品味"她的生命艰辛而又壮丽，像一朵傲放于风沙中的仙人掌花"等比喻句的含义。

学习线索：

由"逆"字展开。

一、检查预习情况，学习字词

1. 学习字词

师：课前我们都做了预习，我想了解一下你们的预习情况。初看课题，我们会以为这是 ·个童话故事，其实不然，这个"小草"和"大树"都和人物有关。课文中的人物都来自英国，名字不好读，我们读一读。（出示：夏洛蒂·勃朗特　艾米莉　安恩　罗伯特·骚塞）

（生认读姓名）

师：再来认读这些词语。（出示）

第一组：罕见　荆棘　权衡　毅力　训诫　前辈　撇下

第二组：要强好胜　节衣缩食　枉费心血　陡峭狭窄　脱颖而出

第三组：寥寥无几　惴惴不安　孜孜不倦　大名鼎鼎　嗷嗷待哺

（生个别认读，全班认读）

师：第一组词语中有几个字是生字，请大家抄写生字两遍，易错字相互

提醒。(生抄写生字)

生1：我提醒大家要注意"撇"字的笔顺。"敝"先写上面的两点，再写外围的框和中间的"竖"……

生2：我提醒大家"毅力"的"毅"字左下不要漏掉两个笔画。(其他同学再抄写这几个字)

师：这些词语，你们理解了哪一个就说说自己的理解。(生说已理解的词语意思，不理解的词语在后面的教学环节中学习理解)

师：第三组词语的构词方式是一样的，照样子说几个。

生：帘帘飞瀑、比比皆是、步步为营、彬彬有礼、楚楚动人……

2. 检查课文中两个长句子的朗读情况

师：文中有两个句子特别难以读通顺。(出示)

（1）艾米莉的长篇小说《呼啸山庄》和安恩的长篇小说《艾格尼斯·格雷》相继出版，最终也获得极大的成功。三姐妹的脱颖而出，震动了英国乃至世界文坛，成为世界文学史上少有的盛事。

（2）以长篇小说《简·爱》著称于世的英国女作家夏洛蒂·勃朗特，堪称逆境成才的典范。她的生命艰辛而又壮丽，像一朵傲放于风沙中的仙人掌花。

(生朗读)

【点评1：语文味在哪里？首先在扎扎实实的字词教学中。小学高年级字词教学普遍存在弱化、简化、僵化的"三化"现象。有的教师也许认为，词语教学只是低年级教学的重点，不必占用课堂宝贵的时间。高年级学生经过几年的阅读学习，已经初步具备了自学能力，完全可以自主学习。因而，教师在课堂上或是简单地让学生认读一下，为后面的阅读理解扫除障碍；或是干脆避过词语直奔课文中心。而吉老师的做法却昭示这样的"语文味"理念：字、词、句是组成语文材料的基础。对语文学习而言，生字新词是基础，是根本。学生有了对生字、新词的吸收和内化的过程，语文素养的提高就显得充实和有力。高年级的字词教学也应做得扎扎实实，不能马马虎虎。】

二、由"逆"字引读全文，品读"像一朵……"比喻句的含义

1. 仙人掌的"逆境"

师："堪称逆境成才的典范"中有两个生字，注意读音和写法。（出示：堪、逆）这两个字在字典上的意思如下，请做一下判断，选择它在文中的意思。

堪：可；能；能忍受

逆：背叛者；向着相反的方向，与"顺"相对；不顺从；迎接

生：这里的"堪"应该是可以的意思；"逆"是向着相反的方向，与顺相对的意思，逆境就是指极不顺利的境遇。

师：（板书：逆境）仙人掌生活的环境是——

生1：很差的。它生活在沙漠里，缺少水，风沙大。

生2：荒无人烟，到处是一望无际的沙漠。

生3：沙漠空气干燥，刮风的时候非常可怕。

师：仙人掌的确生活在逆境中。你们见过仙人掌花吗？

生：黄黄的，花瓣晶莹剔透。

师：这么美的仙人掌花却开放在气候恶劣的沙漠里。我们觉得仙人掌花——

生：艰辛地成长，坚强而勇敢。

【点评2：语文味在哪里？在选择教材合适的切入点上。阅读教学的切入点就是进入课文的角度，这个点的选择会直接影响阅读效果。吉老师由"逆"字展开全文教学，先正确解释逆字，而后联系生活实际，想象仙人掌的逆境，感悟仙人掌艰辛成长、坚强而勇敢的特点，为后面理解夏洛蒂在逆境中顽强拼搏的不屈精神做了一个很好的铺垫和衔接。以点带面，构成一幅美妙的语文画面。】

2. 夏洛蒂的"逆境"

师：那么夏洛蒂又是处于什么样的逆境之中呢？请同学们快速默读课

文，把有关主人公在逆境中艰辛生存的句子画出来。(生自主学习)

(1) 家庭不幸。

生1：主人公一直艰辛地生活在逆境中，童年的一段生活靠富人施舍。母亲早逝以后，她一个人照顾两个妹妹和一个弟弟，挑起了整个家的担子。

生2：为了挣钱养家，夏洛蒂除了洗衣、烧饭、拾柴、干家务活以外，还要替人家带孩子，后来还去给别人当家庭教师，办寄宿学校，等等。

师：失去了母亲就意味着永远失去了母爱，这对一个孩子来说是多么痛苦的事情！从此，她的生活更加艰辛。根据下列句式展开想象，进行说话练习。(出示)

夏日炎炎，别的孩子 (   )，而夏洛蒂 (   )；寒冬腊月，别的孩子 (   )，而夏洛蒂 (   )。

生3：夏日炎炎，别的孩子都在家里吃着香甜的冰棍，而夏洛蒂却到野外去砍柴了；寒冬腊月，别的孩子躺在被窝里赖着不起床，而夏洛蒂已经在冰天雪地里叫卖蔬菜了。

生4：夏日炎炎，别的孩子都躲在家里不出门，一个劲儿扇着扇子，而夏洛蒂却到处奔波，联系做别人的家教老师，即便肚子饿了，也不敢吃一点儿零食；寒冬腊月，别的孩子正在火炉前烤火，而夏洛蒂却用冰冷的水帮人洗衣服。

…………

(2) 遭遇训诫。

师：等待夏洛蒂的不仅是由家庭不幸带来的逆境，还有更多的逆境。

生：20岁的夏洛蒂怀着惴惴不安的心情把自己认为最好的作品寄给当时鼎鼎大名的桂冠诗人，希望得到前辈的指导，没想到，得到的是一盆冰冷的水，让她冷到了心里。

师：是的。我们看课文中的描写。(出示：她苦苦地等了几个月，直到第二年春天，才得到一封远不止使她失望的回信。诗稿原样退回，骚塞还以傲慢的冷冰冰的口吻训诫她："在大自然里，小草和大树都是上帝的安排。放

弃你可贵而徒劳的追求吧 —— 文学，不是妇女的事业，而且也不应该是妇女的事业。"）请一位同学读一读。(生读课文)

师：哪些字眼让你觉得刺心的疼痛?

生1："训诫"这个词让我觉得难受。训诫是教训、告诫的意思。诗人凭什么要警告夏洛蒂，夏洛蒂已经够不幸、够可怜的了。

生2：让我觉得刺心疼痛的字眼是"傲慢""冷冰冰"。诗人特别自以为是，根本看不起夏洛蒂。

生3：我感到痛心的字眼是"小草"和"大树"的比喻。在骚塞看来，小草是女人，大树是男人。小草象征着女人的平凡生活，大树象征着男人干的文学事业。他认为，女人就不应该和男人一样有志向，而应该永远做低头的奴隶。这话太气人了。

师：夏洛蒂遇到了如此不可思议的逆境，骚塞的回信像是一把利剑，把她的心刺得鲜血淋淋。在骚塞看来，妇女应当服从上帝的安排甘心去做小草，而不应去追求大树的事业，妄想当什么文学家。命运继续捉弄夏洛蒂，逆境依然与她相伴 ——

【点评3：语文味在哪里?在语言背后的意蕴之中。语文教师不应只给学生讲书，更应引导学生看书读书。内容深奥些的地方、隐藏在字面背后的意义，学生未必能够领会时需要教师指点一下。教师只要三言两语，不要啰啰唆唆，能使他们开窍就行，而不是全盘授予。"哪些字眼让你觉得刺心的疼痛?"这一点拨能使学生用心灵去体验文本，借助文字与作者的灵魂发生碰撞，将文本的解读提升到比原有认知水平更高的层面。】

(3) 出版失败。

生：夏洛蒂姐妹的诗写得不少，发表出来的却寥寥无几。姐妹三人节衣缩食，于1846年自费出版了一本诗集，结果仅卖出了两本。

师：(板书：家庭，遭不幸；写诗，遇嘲讽；出版，又失败) 这些就是夏洛蒂三姐妹所处的逆境，然而，她们最后取得成绩是 —— 用书本上的语言来表达。(生齐读课文最后一段有关的话语)

师：我们为她们取得的成绩感到高兴，请大家边朗读边感受那种喜悦。(生自由朗读课文的最后一个自然段，个别学生展示朗读)

师：我们再回到课文的第一段，齐读——（出示：她的生命艰辛而又壮丽，像一朵傲放于风沙中的仙人掌花。生读句子）

师：最后，她取得了令世界文坛刮目相看的成绩，上面的比喻句中有两个词语概括了她的成绩，就是——"壮丽""傲放"。多么生动形象的比喻！我们学习语文重要的事就是学习恰当表达。谁能够对照着板书，把这个比喻句的含义说给大家听？同学之间相互说一说，把语言组织通顺、清楚。

生1：她一直在逆境之中生活着，家庭，遭不幸；写诗，遇嘲讽；出版，又失败。但是，她最后取得了壮丽的成绩。夏洛蒂的《简·爱》受到大家的欢迎和重视，艾米莉的《呼啸山庄》和安恩的《艾格尼斯·格雷》同样获得极大成功。三姐妹同时获得巨大的成功，震动了世界文坛，如同仙人掌花傲放于风沙中一样。

生2：仙人掌不怕环境的恶劣，傲然地开放在缺水的沙漠里，而夏洛蒂也不怕生活中的种种逆境。她的母亲早逝，她要挑起一家人生活的重担，做家教，帮富人带孩子等，尤其是她把诗寄给骚塞后竟然得到了刺心的剑，把她的心刺得鲜血淋淋。没想到诗歌好容易出版了，竟然只卖出去两本，多么令人伤心的事啊！但是她们姐妹最后却创造了惊人的成绩：夏洛蒂的《简·爱》受到大家的热烈欢迎，艾米莉的《呼啸山庄》和安恩的小说同样获得极大成功。三姐妹同时获得巨大的成功，震动了世界文坛。

师：我们发现第二位发言的同学是一个非常会学习的孩子，能联系全文内容把句子的含义说得准确而流畅，值得我们学习。我们像他那样再组织一次自己的语言，相信大家的语言表达会更上一层楼。

（生吸收同学发言的优点，自由修改自己刚才的语言表达）

师：通过刚才的学习，我们习得了一种学习方法——当我们遇到难以理解的句子的时候，可以联系全文的内容找到有关的句子帮助理解。

【点评4：语文味在哪里？在语言的表达和转换中。本节课中，教师引导学生把书面语转换为口头语，并准确地表达自己对文本的理解。吉老师让学生用自己的感官和心灵去触摸语言文字，穿行在字字、句句的"密林"中，用自己的语言清晰地表达自己的感悟所得。而且，吉老师并不满足于简单的表达，而是希望大家吸收同学发言的优点，再次修改自己的语言，促使全班

同学的语言表达能力再上一个新台阶。】

三、品读两个"硬是"句子的含义

1. 自主学习

师：天道酬勤，皇天不负有心人。不屈服，不认输，从羞惭中抬起头来的姐妹共同努力，最终脱颖而出成为震惊英国文坛的作家。她们取得成功的原因，课文中用一个比喻句揭示出来了。（在生回答后出示句子：她们硬是用钢铁般的意志，敲开了文学圣殿的大门，硬是用汗水和心血把"小草"浇灌成"大树"。）我们也用理解上一个比喻句的方法——联系上下文走进课文中的文字，与三姐妹对话，争取自己读懂这句话的含义。（生自主学习）

2. 结合学生的解答品读句子

（师出示：她在一阵锥心的羞惭和痛苦中昂起头来，把这封浸透冷酷和偏见的信钉到床头，让它随时刺激、鞭打自己的灵魂。两个妹妹跟她一样被激怒了，发誓偏要在这个"不是妇女的事业"上闯出一条路来。）

生1：我联系上下文是这样理解这个句子的。夏洛蒂的意志不是一般的坚强，而是像钢铁一般。我们知道钢铁是折不断的，夏洛蒂的意志也是打不垮的。受到诗人骚塞的讽刺后，她把信钉在了床头，更钉在了自己的心里。她钉下的不仅是一封信，更是自己的誓言和决心，终于在这个"不是妇女的事业"上闯出了一条路来。

生2：我联系上下文的理解是，夏洛蒂遇到挫折后绝不悲观退缩，硬是要敲开文学大门。她们姐妹三人以罕见的精神毅力，争分夺秒，孜孜不倦地写作，连走路、干活、会亲友都带着铅笔、本子，随时随地把自己思想的火花记录下来，最后，终于成功了。

师：是的。作者抓住了夏洛蒂一连串的心理活动，做了入木三分的刻画，生动入微地揭示了夏洛蒂当时复杂的心理，让读者和她一起不安、失望、羞愧、激怒、发誓。令人欣喜的是仙人掌花终于傲放在沙漠中，我们再一起为夏洛蒂三姐妹喝彩。

（生有感情地朗读课文的最后一个自然段，师结合生的回答补充板书：

生活艰辛 —— 不放弃学习；求助遭讽 —— 不惧怕打击；出版失败 —— 另寻找道路）

【点评 5：语文味在哪里？在语文学习方法的习得中。语文教材无非是个例子，教师凭这个例子要让学生能够举一反三，掌握语文学习方法。吉老师的教学就是从这样的高度着眼，注重学生学法的获得和运用。即通过例子，先使学生感悟品读含义深刻的比喻句的方法，而后让他们自己拿着金钥匙，去打开运用方法学习语文的大门。学生一旦掌握了语文学习方法，便会自主地去理解、巩固和运用新的语言现象和语言规律。】

四、感受文题的巧妙，书写人生启示

1.感受文题的巧妙

师：这两个比喻句写得极为精妙。我们看课题"小草和大树"也是用了打比方的办法，再次回读课文，看看这样的比喻巧妙在哪里。（生再次默读课文）

生 1：小草指的是妇女能从事的事业，大树指的是妇女不能从事的事业。小草不能变成大树，小草就是小草，大树就是大树。言下之意，文学是妇女不能从事的事业，即使从事了也不可能取得成功，言语中充斥着对妇女的蔑视。

生 2：作者把成功前的夏洛蒂比喻成小草，在接踵而至的艰辛和磨难中，她以顽强的生命力，茁壮成长；将成功后的夏洛蒂比喻成大树，突出她的成就非凡。在自然界中，小草虽然不能变成大树，但在文学界，夏洛蒂姐妹却创造了这样的奇迹！

2.书写人生启示

师：说得多好哇！"在自然界中，小草虽然不能变成大树，但在文学界，夏洛蒂姐妹却创造了这样的奇迹！"夏洛蒂姐妹取得成功带给我们很多启示，让我们把自己的心声写下来吧！（生写作，师巡视指导）

生 1：坚持就是胜利。在现实生活中，我们需要的是像夏洛蒂姐妹们一样不向困难低头的精神，和一种滴水穿石、坚持不懈的意志，这样才能创造生命的价值。

生2：我们面对传统的观念和陈腐的偏见时，要有敢于冲破旧势力的勇气和胆识。即使身处逆境，也不要轻言放弃，只要有不屈不挠的抗争精神与不懈努力的坚强意志，就可能拥有精彩的人生。

生3：只有在逆境中具备坚强的意志和聪明智慧，才可能拥有精彩的人生。我们要永远记住：沉重的打击只能使弱者低头叹息，做一个生活的强者，永不向困难低头。

【点评6：语文味在哪里？在教师让学生用笔表达自己思想的过程中。吉老师在课堂中留出一定的动笔时间，让学生把自己的学习所得创造性地"周转"。从学生表达的情况来看，他们的交流不是原有水平的简单重复，而是有实质性的发展。没有千人一面的简单描述，没有大同小异的机械模仿，而是自由地调动自己的语言储备，调动自己的生活积累，大胆地展示自己独特的认识、独特的感受。精彩的课堂发言证实了学生的进步。】

五、推荐书籍，延伸拓展

师：今天我们最大的收获是，用联系上下文的办法来理解课文中含义深刻的句子，同时被夏洛蒂姐妹的坚强意志征服。课文启发我们做生活的强者，决不向任何困难低头！课文描述的只是夏洛蒂成长过程的一个缩影，想要继续了解夏洛蒂，同学们不妨在课外与她的成名作握手，与她面对面地交流。

 总评

语文包含语言文字、语言文学、语言文化，其核心是语言。味有滋味、意味、趣味、情味、韵味等意义。"语文味"不是纯粹的味道，不是单一的语言文字训练，也不仅是文学鉴赏，而是具有语文学科个性色彩的、富有文化特色的整体审美感受。

1. 语文味是语文教学的本质所在。语文味是一个比较宽泛的概念，是一种总体感受，但它首先关注语言，直面语言。吉春亚老师的课语文味醇浓，具有语言习得特色，在业内已成共识，她对《小草和大树》的学习目标、学习重点和难点、学习线索的设计都是渗透着浓浓的语文味的。第一个学习目标是学习生字新词，第二个学习目标是品味比喻句，第三个学习目标是用书面语言描述本文给自己的启示。这三个目标都是语言的。与众不同的是第三个学习目标："能组织书面语言准确、清晰地表达夏洛蒂取得成功给自己的启示。"它巧妙地把人文性和语言性整合起来了，其基点是"书面语言"的组织。难能可贵的是，吉老师对学习重点、难点的设计思路也是围绕比喻句这一语言现象，甚至连学习线索也是紧扣"逆"这个字层层展开的。在吉老师的课堂上，学生通过与语言的互动理解文本，发展文本，文本语言的肌体圆润了，充满了文化意味和生命灵性。

2.语文味是语文意识的具体表征。从心理学角度看，味是一种感觉、感受和意识。语文味就是一种语文意识，而语文意识又是语文行动的向导。在语文课堂教学中，学生对语言的习得、对语言问题的讨论、接受语言文化的熏陶等都是在语文意识驱动下的语文行为。只有在强烈的语文意识引导下，学生才可能产生强烈的动机，充分发挥学习语文的潜力。语文课堂教学首先要有语文意识：用语文的头脑思考语文教学现象，用语文的手段解决语文教学问题，用语文的标准评价语文教学效果。

我们从吉老师在《小草和大树》课堂上的引导语和评价语中，也可看出她强烈的语文意识：

"堪称逆境成才的典范"中有两个生字，注意读音和写法。

哪些字眼让你觉得刺心的疼痛？

她们最后取得的成绩是 —— 用书本上的语言来表达。

这两个比喻句写得极为精妙。我们看课题"小草和大树"也是用了打比方的办法，再次回读课文，看看这样的比喻巧妙在哪里。

3.语文味是语文素养的客观要求。语文味不是一种纯粹的语言知识或情趣滋味，而是一种综合性的涵养。从语文教学论看，语文味是语文素养的客观要求。语文味不只是展示语言现象，还需要经历一个对语言的理解、感悟、品味、应用和拓展的复杂过程。所以，语文味不仅是一个结果的描述，更是一种动态的体现，可以渗透到语文课堂教学的整个过程和各个环节中。我们回顾一下吉老师的课堂教学结构：

（1）检查预习情况，学习字词。

（2）由"逆"字引读全文，品读"像一朵……"比喻句的含义。

（3）品读两个"硬是"句子的含义。

（4）感受文题的巧妙，书写人生启示。

（5）推荐书籍，延伸拓展。

以上板块渗透了原汁原味的语文味，有词味、句味、文味、读味、品味、书写味等。可见，其教学结构是在语文意识的指导下，以语文味为主线，贯穿于整堂课之中的。这种设计是为提升学生的语文素养服务的。可以说，吉老师的语文课堂教学浸润在富有诗情画意的语文世界里，师生沉浸在充满生机的语文状态之中。

4.语文味是语文教学特点的外化。语文味是一种语文教学个性的弘扬。语文味的概念被提出的一个重要原因是，当前人们对语文教学特点的认识比较肤浅和模糊。这也是语文教学改革和发展缓慢的深层原因之一。正确把握语文教学的特点，既是推进语文课程改革的需要，也是确立语文教学原则和方法的依据。人们对语文教学特点的表述主要是通过语文课程与自然类课程、理论性课程比较后提出的，并从语文课程的特点、学生认识的特点、语文学习的特点以及语言文字的特点加以表述：语文课程的人文性、学生认识的多元性、语文学习的实践性、语言文字的独特性等。这些特点在吉老师的课堂教学中或多或少都有反映，当然在一篇课文教学中不可能表现得淋漓尽致。

经过多年的实践、反思和锤炼，吉老师博采众长，初露风格。她的课堂遵循了语文教学的特点和规律，文化底蕴渐深，诗情画意渐浓。

也许有人会问，吉老师的这堂课的语文味具体表现在哪里？我的回答是：它表现在扎扎实实的字词教学中，表现在选择教材合适的切入点上，表现在语言背后的意蕴之中，表现在语言的表达和转换中，表现在语文学习方法的习得中，表现在教师让学生用笔表达自己思想的过程中。

5.语文味是课堂方式的新变化。语文味要求语文课堂教学从方法向方式转变，关注学习方式的引领。在语文味指导下的学习方式的转变，不只是一种改良，也不只是一种补充，而是一种学习的革命，一种学习理念的根本性转变。如果基于这样的认识，学习就不是一种异己的外在控制力量，而是一种学生发自内在的精神解放运动。

当然，正如人无完人，课也不可能十全十美。从语文味的高要求来看，我对《小草和大树》的教学提出三条改良建议。

第一，加强整体感。如在教学之始，可以先引导学生通读课文，从整体上感知课文内容。既要读通，又要品味，使学生对课本产生"整体形象感"；在教学之终，还可以引导学生回顾课题，较深入地理解"小草和大树"的含义及其哲理。这样，更能强化课堂的整体感。

第二，关注句子的语言规律。特别是关注句式、句型、构词特点的规律。如："夏日炎炎，别的孩子（　　　　），而夏洛蒂（　　　　）；寒冬腊月，别的孩子（　　　　），而夏洛蒂（　　　　）。"针对此句的教学不能仅停留在想象、填空、说话的层面，还应突出"而"这个转折词的作用。

又如："她苦苦地等了几个月，直到第二年春天，才得到一封远不止使她失望的回信……"针对此句的教学不能只分析、理解情节内容，也不能只安排朗读、品味，还应指点"才"这个连词的用法。

第三，突出对学习方式的具体指导。教师对学生的学习既要提要求，更要进行具体的、有效的引领。如在说话阶段，教师要求"同学之间相互说一说，把语言组织通顺、清楚"，但对如何做才能"通顺、清楚"缺乏具体的操作性指导。

又如，在写话阶段，教师要求："夏洛蒂姐妹取得成功带给我们很多启示，让我们把自己的心声写下来吧！"尽管有一个说明"生写作，师巡视指导"，但这只是一种随机指导，具体的操作方式、指导策略并没有呈现出来。

/ 2008年7月点评 /